Double à confronter.

V 357.

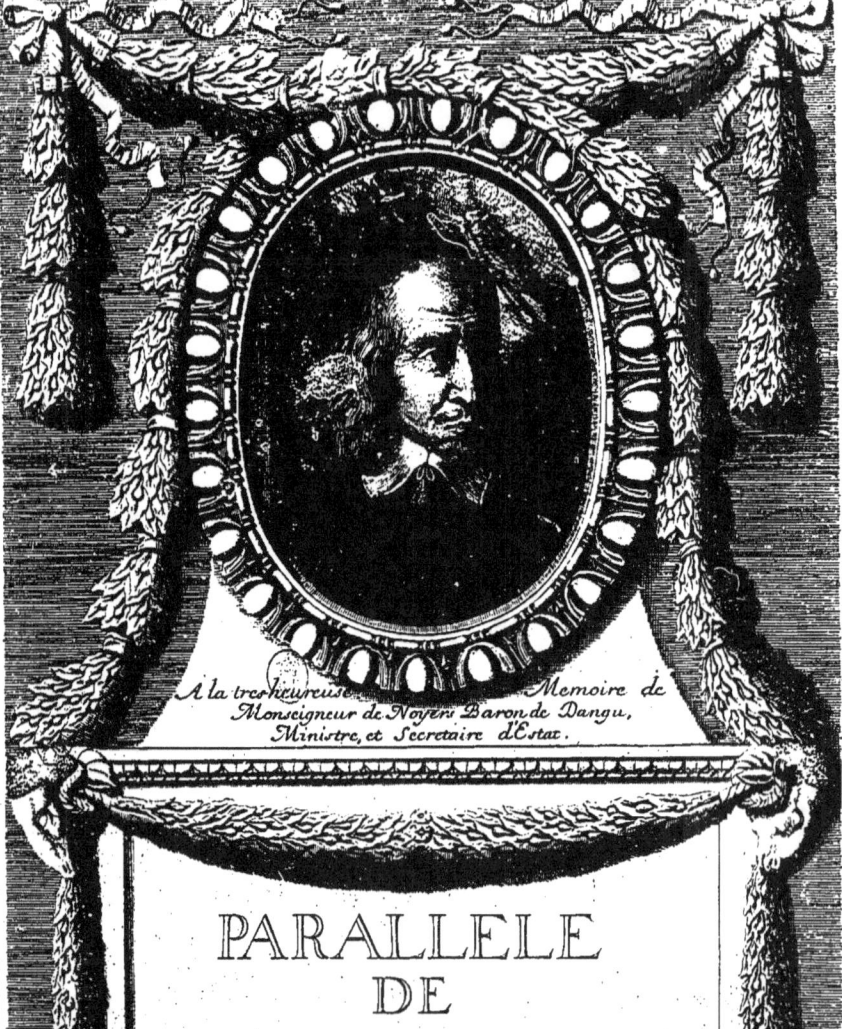

A la tres-heureuse Memoire de
Monseigneur de Noyers Baron de Dangu,
Ministre, et Secretaire d'Estat.

PARALLELE
DE
L'ARCHITECTVRE
ANTIQVE AVEC LA
MODERNE

PAR ROLAND FRE.ART. S. DE CHAMBRAY.

PARALLELE
DE L'ARCHITECTVRE
ANTIQVE
ET DE LA MODERNE:

AVEC VN RECVEIL DES DIX PRINCIPAVX AVTHEVRS
qui ont écrit des cinq Ordres;

Sçauoir,

PALLADIO ET SCAMOZZI, SERLIO ET VIGNOLA,
D. BARBARO ET CATANEO, L. B. ALBERTI ET VIOLA,
BVLLANT ET DE LORME.

comparez entre eux.

*Les trois ordres Grecs, le DORIQVE, l'IONIQVE & le CORINTHIEN,
font la premiere partie de ce Traitté :*

Et les deux Latins, le TOSCAN & le COMPOSITE, en font la derniere.

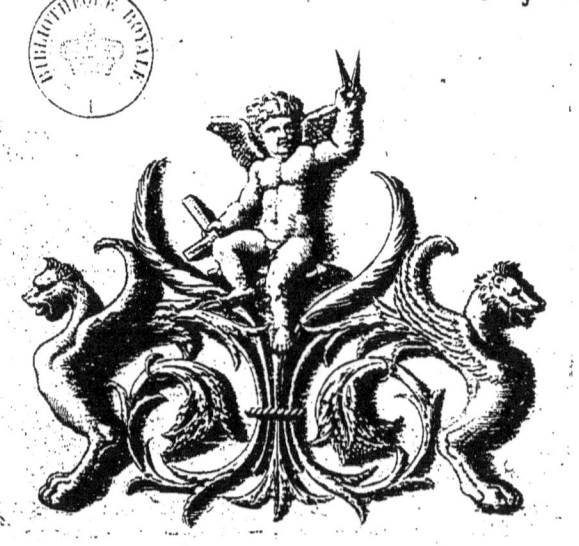

A PARIS,
De l'Imprimerie d'EDME MARTIN, ruë S. Iacques, au Soleil d'or.
─────────────────────
M. DC. L.
AVEC PRIVILEGE DV ROT.

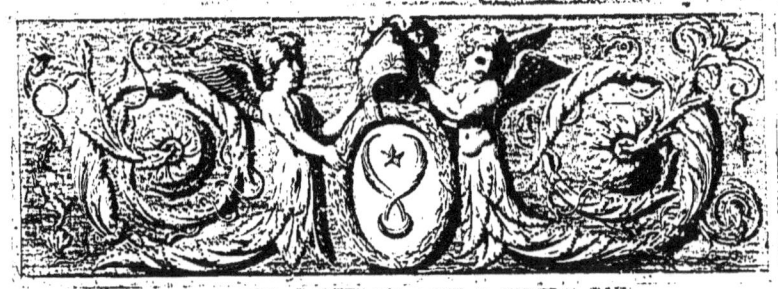

À MES TRES-CHERS FRERES

IEAN FREART
ESCVYER SIEVR DE CHANTELOV
CONSEILLER DV ROY
ET COMMISSAIRE PROVINCIAL EN CHAMPAGNE
Alsace Lorraine & Allemagne.

ET

PAVL FREART
ESCVYER SIEVR DE CHANTELOV
CONSEILLER
ET MAISTRE D'HOSTEL ORDINAIRE DV ROY.

ES TRES-CHERS FRERES,

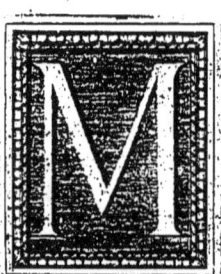

Vous auez voulu que i'aye mis la derniere main à ce Traitté de l'Architecture antique comparée auec la moderne, que i'auois laissé entierement & tout effacé de mon esprit, depuis la mort de Monseigneur De Noyers, à qui ie l'auois voüé, comme au Mecenas du siecle, & particulierement encore parce qu'il estoit le vray Autheur de ce liure, que ie n'entrepris que par son ordre, & pour luy seruir de quelque entretien dans sa solitude de Dangu, où il agrea & desira mesme que ie le suiuisse aprés sa retraite de la Cour, pour y ioüir auec luy d'vne douceur & d'vne tranquillité de vie, que nous ne connoissions point durant son Ministeriat. Mais ce bien-heureux loisir, dont vous me felicitiez si souuent, fut bien-tost interrompu par ie ne sçay quel mauuais genie, & par vne mort intempestiue & precipitée, qui vint esteindre ce flambeau de la Vertu. En cette perte qui nous a esté commune, mes tres-chers Freres, puis que nous auions tous trois l'honneur d'estre à luy par nos seruices & par la naissance, i'ay eu l'affliction

ã iij

particuliere d'estre present à ce triste obiect, & de le voir de mes propres yeux. Ce qui m'a donné matiere de faire vne bonne reflexion sur la vanité & la volubilité des fortunes de la Cour, dont ie suis presentement bien desabusé : car considerant qu'vn si rare personnage, le plus grand Ministre. le plus desinteressé, le plus laborieux, le plus effectif, d'vne probité si extraordinaire & si esprouuée, si vniuersel en toutes sortes d'excellentes qualitez, & en vn mot si vnique ; aprés les seruices de vingt années dans les premieres charges de l'Estat ; qu'vn Suiet d'vn si grand merite soit venu finir sa vie à la campagne comme vn exilé ; Ie confesse, mes tres-chers Freres, qu'en cette pensée tout me paroist si caduc & si inquiet dans les grandeurs, que ie trouue la retraite des disgraciez (pourueu qu'ils soient gens de bien) infiniment preferable à leur Faueur. Si le merite & les seruices considerables pouuoient establir & affermir pour tousiours vn homme à la Cour, & estre vn rempart contre l'enuie & la ialousie, qui sont les ennemies immortelles, & les pestes de la Vertu, lesquelles regnent malheureusement en ce lieu-là ; feu Monseigneur De Noyers estoit tres-digne d'acheuer ses iours glorieusement en ses hauts emplois, veu qu'il a plus fait de choses luy seul en moins de dix ans, que tous ses predecesseurs ensemble depuis cent années ; soit qu'on ait esgard aux ouurages necessaires au repos & à la conseruation de l'Estat, soit qu'on veüille seulement considerer ceux de la splendeur & de la magnificence du Royaume. Mon dessein n'est pas de vous les conter icy pour vous les apprendre, puis que vous les sçauez mieux que ie ne fais ; neantmoins afin d'en laisser quelque memoire au public, i'en vais remarquer vne partie. On peut dire en general que de son temps il auoit porté tous les beaux Arts au plus haut degré de perfection qu'on eust iamais veu en France ; l'Architecture ciuile & la militaire, la Peinture, la Sculpture, & l'Imprimerie qu'il auoit venduë royale la logeant au Louure, dont les premieres productions furent non seulement des chefs-d'œuures sans parangon, mais pour ainsi dire des Bibliotheques entieres ; car en deux années il en sortit soixante & dix grands Volumes, en Grec, en Latin, en François, & en Italien : par vne seule partie desquels on pourra iuger du reste, c'est le recueil general de tous les Conciles, mis en trente-sept volumes, qui est le plus beau, le plus vtile, & le plus royal ouurage qui ait esté mis au iour iusques à cette heure. Cette noble Estampe fut accompagnée d'vne autre tres-riche, ie veux dire de la nouuelle monnoye, que Monseigneur De Noyers plaça aussi dans le mesme appartement du Louure, afin de les allier ensemble, comme les deux plus vniuersels & les plus durables monumens des Regnes, lesquels s'espandent parmy toutes les Nations, & s'y conseruent durant vne tres-longue suite de siecles. L'abus excessif qui se trouua dans les années 1638. & 1639. au titre & au poids de la plus grande partie des monnoyes de ce Royaume & des estrangers, lesquelles auoient esté presque toutes alterées & défigurées : pour estre corrigé eut besoin necessairement de cét homme singulier, dont l'affection & le zele au bien public estoient extraordinairement effectifs : mais comme on ne pouuoit pas y remedier sur le champ sans causer vn grand desordre dans le commerce, il sceut tirer vn auantage tres-notable pour l'Estat, & vn honneur tres-signalé pour le Roy, du mauuais cours qu'on fut obligé de laisser à ces monnoyes durant quelques temps. C'estoit vn trait d'vne rare politique, de permettre, & mesme d'authoriser par vn Edict, cét abus qu'on ne pouuoit empescher si-tost, veu que cependant cela conuioit les peuples des Estats voisins ; par l'esperance du gain, de faire passer en France tout l'or & l'argent leger qu'ils auoient; qui y demeura par le décry qu'on en publia peu de mois aprés, & qui maintenant, par le noble conuertissement qu'il en fit faire, porte les armes de France, auec le nom & l'image de Louis le Iuste. Pendant que cette matiere estrangere se venoit ioindre à la nostre, il recercha & descouurit des moyens prompts & faciles de luy donner la forme excellente qu'elle a auiourd'huy, pour guerir en mesme temps, par vn seul remede, le mal à venir & le present tout ensemble: aussi voyons-nous que sa rondeur iuste & égale, le grenetis qui est à l'entour, & le poly qui est sur le plat de chaque piece, la defendent non seulement du cizeau, de la lime, & des eaux fortes, mais rendent encore son imitation comme impossible aux faux-monnoyeurs; si bien qu'on peut dire de cette nouuelle monnoye, qu'elle est & la plus artiste & la plus commode qui ait iamais esté mise dans le commerce. Il en fit battre en moins de quatre ans plus de six vingts millions, aprés quinze ou seize années de guerre, lors que tout l'Estat sembloit deuoir estre presque espuisé, par les grandes & continuelles despenses qu'on faisoit incessamment aux fortifications des places, à l'entretien des armées, & à l'assistance des alliez de cette Couronne. Au mesme temps on voyoit croistre le Louure, & la royale maison de Fontainebleau, qui doit aux soins de ce grand Ministre, non seulement vne partie de ses ornemens, mais encore sa conseruation & restauration entiere; parce que sans luy elle ne seroit plus maintenant qu'vne grande ruine, & vn cadavre de bastiment desolé & inhabitable. Les chasteaux de S. Germain & de Versaille, qui estoient alors & la demeure ordinaire & les delices du Roy, portent aussi quelques marques de la mesme main; le premier, par la construction du plus beau Manege qui soit en France; auec plusieurs autres commoditez, necessaires au logement d'vne Cour royale; & l'autre, d'vne Terrasse de Gresserie, qui est vn tres-rare ouurage de cette espece, auec vn Rondeau de soixante toises de diametre. Mais en s'acquittant si dignement de la charge de Surintendant des maisons royales & des bastimens de France (dont il auoit pleu au Roy de le gratifier depuis quatre ou cinq années) il employoit au mesme temps ses principaux soins à la seureté & à l'agrandissement du Royaume; donnant tous les ordres necessaires aux armées de terre & de mer, pouruoyant aux munitions & aux garnisons des places, & à vne bonne partie des Prouinces. Or comme l'vtile & le necessaire sont preferables à la splendeur & à la magnificence, il auoit commencé par l'Architecture militaire, la faisant marcher deuant la ciuile. Toutes les frontieres sont pleines de ses ouurages: comme en Picardie, la Porte royale de Calais, composée des deux plus grands bastions de massonnerie, les plus reguliers & les plus beaux qui soient dans l'Europe; toutes les fortifications d'Ardres; la pluspart des bastions de Peronne, de S. Quentin, de Han, de la Fere, de Dourlans, d'Amiens, de Montreüil, principalement vn ouurage à corne de massonnerie, d'vne beauté & d'vne grandeur extraordinaire; & la demie-lune d'Abbeuille, où les habitans n'ayant pû luy faire agréer qu'on y mist ses armes, en reconnoissance de cette grace qu'ils auoient receuë par son moyen (ce qu'il n'a iamais permis en aucun lieu où il ait basty, par vn sentiment d'honneur qu'il rendoit au Roy, & par vne modestie singuliere) ils y planterent deux rangs de noyers, afin d'auoir ce pretexte de l'appeller de son nom. En Champagne, la forteresse du mont Olympe, laquelle sert de citadelle à Charleuille; & plusieurs autres trauaux à Stenay, à Mezieres, à Mouzon, & à Rocroy.

En Lorraine, la citadelle de Nancy; les places de Vic, de Moyenuic, & de Mar-
sal. En Normandie, le Havre de Grace, auquel, outre les fortifications de la
place, il fit faire encore dans le port vn grand bassin de massonnerie, de prés de cent
toises de long, & de plus de soixante de large, pour y tenir les vaisseaux tousiours
à flot; & Broüage dans les Isles de Xainctonge, qui sont deux clefs maritimes du
Royaume. En Italie, Pignerole, & toutes les nouuelles fortifications de Cazal.
Maintenant pour ce qui est des ouurages de Peinture & de Sculpture, qui sont
comme les deux sœurs de l'Art dont ie vais traitter icy : ce seroit vn long discours
de les particularifer l'vn aprés l'autre; outre qu'on ne le peut faire sans quelque
honte à nostre nation, de laquelle on auroit fuiet de croire, en voyant la cessation de
tant d'excellentes chofes, qu'elle n'auoit qu'vn seul homme qui fust capable de ces
belles productions. Il suffira donc de dire generalement, que le Louure estoit le centre des Arts, & qu'il s'alloit rendre en peu d'années par leur concours, le plus
noble & le plus superbe edifice du monde. Ce fut pour ce grand dessein, & pour
la decoration des autres maisons royales, que l'Illustre Monsieur le Poussin eut la
gloire d'estre mandé par le Roy au commencement de l'année 1640. En ce temps-
là feu Monseigneur De Noyers nous dépescha vous & moy, mon tres-cher Frere,
vers sa Saincteté pour vne affaire importante, auec ordre à nostre retour d'ouurir
le chemin de France à tous les plus rares vertueux de l'Italie; & comme il estoit
leur calamite, il nous fut aisé d'en attirer vn grand nombre auprés de luy, dont
le coryphée estoit ce fameux & vnique Peintre Monsieur le Poussin, l'honneur des
François en sa profession, & le Raphaël de nostre siecle. Pour le mesme effect nous
apportafmes vne grande diligence à faire former & à ramasser tout ce que le temps
& l'occasion de nostre voyage nous pût fournir des plus excellents antiques, tant
d'Architecture que de Sculpture; dont les principales pieces estoient deux grands
chapiteaux, l'vn d'vne colonne, & l'autre d'vn des pilastres angulaires du dedans
de la Rotonde, que nous choisismes comme les plus beaux modeles Corinthiens qui
soient restez de l'antiquité : deux medailles d'onze palmes de diametre tirées de
l'Arc de triomphe de Constantin; soixante & dix bas-reliefs de la colonne Traiane; & beaucoup d'autres d'histoires particulieres; quelques-vns desquels furent
mis en bronze dés l'année suiuante : d'autres furent employez, en maniere d'incru-
station au compartiment de la voute de la grande gallerie du Louure, auquel Monsieur le Poussin les introduisit ingenieusement & auec beaucoup d'adresse & de consideration, pour se conformer à la demande que l'on luy fit d'vn dessein, non pas
le plus magnifique ny le plus superbe qu'il peust composer, mais d'vn ornement
dont l'execution fust prompte, & d'vne dépense moderée, eu esgard au temps, &
à l'humeur impatiente de nostre nation. Et vn peu de temps aprés que vous re-
tournastes, mon tres-cher Frere, pour faire benir au Pape les deux couronnes de
diamans, & l'enfant d'or porté par vn Ange, que leurs Maiestez vous enuoyoient
presenter à Nostre Dame de Lorette, en reconnoissance & pour les actions de graces qu'elles rendoient à la Vierge, de la tres-heureuse & presque miraculeuse naif-
sance de leur Dauphin le Roy regnant auiourd'huy, vous continuastes à faire former plusieurs figures & bas-reliefs, particulierement la Flora & le Hercule du Palais Farnese, duquel il y a presentement vn iect à Paris; deux autres medailles
du mesme Arc de Constantin; & les deux Colosses de Montecaüal auec leurs cheuaux, qui sont les plus grands & les plus celebres ouurages de l'Antiquité, que

Monseigneur De Noyers auoit deſſein de faire ietter en bronze pour les placer à
la principale entrée du Louure. Vous viſtes l'éclat que tout ce grand appareil fai-
ſoit dans Rome, & comme vn chacun s'émerueilloit que les François, qui ne s'e-
ſtoient auparauant ſignalez, que par leur valeur, & leur courage inuincible dans
la guerre, & n'auoient aimé de tous les Arts que le Militaire, fiſſent paroiſtre alors
tant de paſſion pour ceux-cy, qui portent le nom de beaux par prerogatiue ſur les
autres; comme ſi le Ciel de France euſt nouuellement changé, & que Mercure en
concurrence de Mars commençaſt d'y verſer auſſi ſes influences. Pour moy ie ſeray
témoin que le bruit s'en eſpandit iuſques à Conſtantinople, où la Renommée porta
le nom de Monſeigneur De Noyers auec tant de gloire, que le Patriarche de cette
ville fameuſe luy en écriuit des lettres pleines d'vne grande admiration, leſquelles
il adreſſa à Monſieur de Villeray, Noble Athenien, Reſident en France pour le
Duc de Parme, qui les fit teni à Monſeigneur à Dangu, depuis ſa retraite de
la Cour, où ie les ay euës & gardées long-temps, & leuës à pluſieurs de mes amis.
Elles portoient principalement, que c'eſtoit vne nouuelle auparauant inoüye, que
parmy noſtre Nation il ſe fuſt trouué vn grand Vizir ſi parfait en tant d'excellentes choſes; dont quelques eſchantillons qu'il en auoit veus luy perſuadoient aiſément
toutes les autres merueilles qu'on diſoit de luy. (Ces eſchantillons eſtoient les liures
de l'Imprimerie Royale, & quelques pieces de la monnoye.) Sa lettre eſtoit aſſez
longue, & écrite d'vn meilleur ſtile que le grec vulgaire qui ſe parle maintenant
en ces pays-là. Ce ſeroit dommage qu'vne choſe ſi ſinguliere & ſi memorable de-
meuraſt enſeuelie dans l'oubly; c'eſt pourquoy ie la remarque auec plus de circon-
ſtances que beaucoup d'autres. Mais pendant ces grands proiets, il arriua vne
eſtrange reuolution, qui changea en moins de ſix mois toute la face de l'Eſtat, par
la mort du Miniſtriſſime le Grand Cardinal De Richelieu, la colonne & l'ornement de la Monarchie; & à quelque temps de là, par la retraite de Monſeigneur
De Noyers: & incontinent aprés, pour vn dernier comble de deſolation, par la
perte que la France fit du Roy meſme: de ſorte que tous ces beaux commencemens
n'eurent point de ſuite, ne s'eſtant trouué perſonne de ceux qui entrerent au ma-
niement des affaires, qui, auec les affections, euſt les connoiſſances & les talens neceſſaires pour la continuation de ces grands deſſeins. On vid auſſi-toſt le trauail
du Louure abandonné, l'ouurage de la grande gallerie ceſſé, & generalement toutes les fortifications de France, ſans eſperance d'y voir remettre la main de long-
temps; eſtant neceſſaire pour cela de trouuer vnies & aſſemblées en vne meſme perſonne, comme on a veu en Monſeigneur De Noyers, des vertus & des qualitez
trop rares, & trop extraordinaires: Auſſi pour en former vn pareil, d'vn genie &
d'vne capacité vniuerſelle, qui aime les Arts auec connoiſſance, & qui les cultiue,
qui meſpriſe ſon propre intereſt pour conſeruer celuy de l'Eſtat & du public, qui dans
vne authorité & vne faueur extreme, gardant touſiours la modeſtie d'vn particulier, ne ſonge point à eſtablir ſa maiſon, & contre les ſentimens ordinaires & ſi
naturels à tous les hommes, refuſe d'en augmenter les richeſſes, d'y mettre des titres
& des dignitez, & qui ne veüille appliquer ſes ſoins & tout ſon trauail, comme il
a fait durant vn employ de vingt années, (aux ſix dernieres deſquelles il a eu le ma-
niement preſque vniuerſel des affaires de l'Eſtat) qu'à la ſeureté, à l'accroiſſement,
& à la ſplendeur du Royaume, il faut pour vn ſemblable chef-d'œuure de la nature,
les efforts de pluſieurs ſiecles. La recompenſe de tant de vertus fut tres-petite du coſté

des hommes, mais grande & ineſtimable de la part de Dieu, qui couronna cette vie illuſtre d'vne tres-heureuſe mort. Ie garde precieuſement vn petit recueil de ce que diſt ce ſainct Courtiſan, noſtre tres-cher Maiſtre, pendant le cours de ſa maladie, lequel fut dreſſé par ſon Directeur le Reuerend Pere de ſainct Iure, qui l'aſſiſta iuſques à la fin: & comme i'ay eu la triſte conſolation d'eſtre preſent à ce dernier acte de ſa vie, & qu'il me ſouuient d'auoir ouy de ſa bouche meſme tout ce qui eſt rapporté dans ce recit, ie ne le puis lire qu'auec beaucoup de tendreſſe, & preſque des larmes. Il mourut en ſon chaſteau de Dangu vn Vendredy 20. d'Octobre à vne heure aprés midy, l'année 1645. en la 56ᵉ de ſon âge, deux ans & demy aprés ſa retraite de la Cour: & ſon corps fut apporté dans l'Egliſe du Nouiciat des Ieſuites, laquelle il auoit baſtie à l'honneur de S. Xauier, & deſtinée pour ſa ſepulture. Cette Egliſe eſt eſtimée la plus reguliere de Paris, & quoy qu'elle ne ſoit pas chargée de tant d'ornemens que quelques autres, elle paroiſt neantmoins fort belle aux yeux des intelligens, tout y eſtant fait auec vne entente extraordinaire. Ce qu'il y a d'excellent pardeſſus le reſte eſt vn tableau d'vn des miracles de ſainct Xauier, qui fut peint icy au meſme temps que cette admirable Cene des Apoſtres que feu Monſeigneur fit mettre à l'Autel de la Chapelle royale du Chaſteau de S. Germain, où les figures ſont plus grandes que le naturel: ce ſont deux ouurages de noſtre Illuſtre Monſieur le Pouſſin & dignes de ſon pinceau, quoy que le premier ait eſté peint auec vne grande precipitation & pendant l'hyuer.

Voyla, mes chers freres, vn petit crayon d'vne partie de la vie de Monſeigneur De Noyers noſtre tres-cher & tres-honoré defunct, ce precieux Genie de la France, non iamais aſſez loüé ny iamais aſſez regretté, qui eſt comparable aux plus grands exemples de l'antiquité. Ie l'ay voulu mettre icy à la teſte de mon Liure, pour teſmoigner que ie n'ay point eu d'autre obiect en acheuant cet ouurage, dont il m'auoit fait l'honneur de me charger, que de rendre à ſa memoire le meſme ſeruice & la meſme veneration que ie pourrois faire à ſa perſonne s'il viuoit encore. Neantmoins dans la repriſe que i'en ay faite à voſtre priere, mon premier feu s'eſtant beaucoup alenty, ce qui m'eſtoit auparauant vne eſtude libre & diuertiſſante pendant la preſence de feu Monſeigneur mon Maiſtre, m'eſt deuenu vn trauail & vne contrainte; car il m'a fallu changer & retrancher meſme pluſieurs particularitez, qui eſtoient pour lors fort eſſentielles à mon deſſein, mais qui ſeroient maintenant tres-inutiles & hors de ſaiſon. Receuez donc, mes chers Freres, ce fragment de Liure tel qu'il eſt reſté, & s'il y a quelque choſe qui puiſſe eſtre encore conſiderable à des yeux intelligens & purgez comme les voſtres, & que mes deſſeins vous ſemblent dignes d'auoir place parmy vos autres curioſitez, ayez-en l'obligation toute entiere à noſtre commun amy Monſieur Errard, qui s'eſt donné vn tres-grand ſoin de les faire executer, & non ſeulement m'a perſuadé auſſi bien que vous de les mettre au iour, mais de plus y a contribué de ſon trauail & de ſes eſtudes.

De Paris le 22. de May 1650.

PRIVILEGE DV ROY.

LOVIS par la grace de Dieu Roy de France & de Nauarre : A nos amez & feaux Conſeillers tenans nos Cours de Parlement, Maiſtres des Requeſtes ordinaires de noſtre Hoſtel, Baillifs, Seneſchaux, Preuoſts, leurs Lieutenans, & tous autres nos Iuſticiers & Officiers qu'il appartiendra, Salut. Noſtre cher & bien amé ROLAND FREART ſieur de Chambray nous a fait remonſtrer qu'il auroit compoſé vn liure intitulé *Parallele de l'Architecture antique & de la moderne, auec vn recueil des dix principaux Autheurs qui ont eſcrit des cinq Ordres, &c.* Lequel liure il deſiroit faire imprimer, s'il auoit ſur ce nos Lettres neceſſaires, qu'il nous a ſupplié humblement luy vouloir accorder. A CES CAVSES, le deſirant fauorablement traitter, nous luy auons permis & octroyé, & de nos graces ſpeciales, pleine puiſſance & authorité Royale, permettons & accordons d'imprimer ou faire imprimer ledit liure en tel volume & charactere qu'il voudra, pour le mettre en vente & diſtribuer, & ce durant le temps de dix ans, à commencer du iour qu'il ſera acheué d'imprimer, auec defenſes à tous Imprimeurs, Libraires, tant de nos ſuiets, qu'eſtrangers, & toutes autres perſonnes de quelque qualité qu'ils ſoient, d'imprimer, ou faire imprimer, vendre, ou faire vendre & diſtribuer ledit Liure durant ledit temps, ſous couleur d'autre marque, noms ſuppoſez, titre, epitome, extrait ou abregé, augmentation, correction, ou autre déguiſement que ce ſoit, ſans le conſentement & permiſſion dudit ſieur de Chambray, ou de ceux qui auront charge & pouuoir de luy, à peine de trois mille liures d'amende, moitié à ceux qui auront droict de luy, l'autre aux Pauures de l'Hoſtel-Dieu de cette Ville, confiſcation des exemplaires, & de tous deſpens, dommages & intereſts ; à la charge d'en mettre deux exemplaires en noſtre Bibliotheque publique, & vn autre en celle de noſtre tres-cher & feal le ſieur Marquis de Chaſteau-neuf, Cheualier, Garde des Seaux de France, auant que de les expoſer en vente, à peine de nullité du preſent Priuilege. Si vous mandons que du contenu en ces preſentes, vous faſſiez, ſouffriez, & laiſſiez ioüir ledit ſieur de Chambray, & ceux qui auront droict & pouuoir de luy, pleinement & paiſiblement ; à ce faire ſouffrir & obeïr tous ceux qu'il appartiendra, nonobſtant oppoſitions ou appellations quelconques : Voulons qu'en mettant au commencement ou à la fin dudit Liure l'extraict de ces preſentes, elles ſoient tenuës pour deuëment ſignifiées, & qu'aux copies d'icelles collationnées par l'vn de nos amez & feaux Conſeillers Secretaires, foy ſoit adiouſtée comme au preſent original : nonobſtant auſſi clameur de Haro, Chartre Normande, priſe à partie, & autres choſes à ce contraires : Car tel eſt noſtre plaiſir. Donné à Paris le trentiéme iour du mois d'Auril, l'an de grace mil ſix cens cinquante ; & de noſtre Regne le ſeptiéme. Signé, Par le Roy en ſon Conſeil, CRAMOISY.

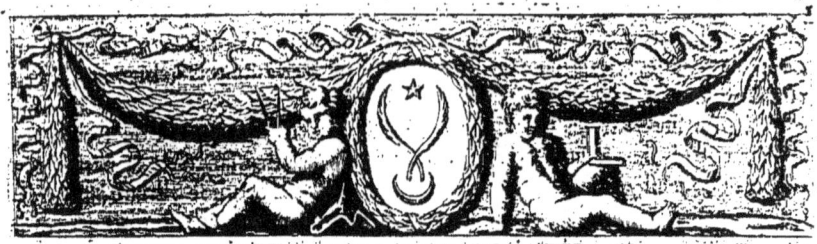

PARALLELE
DE L'ARCHITECTVRE
ANTIQVE
AVEC LA MODERNE.

AVANT-PROPOS.

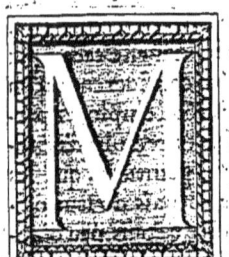ON LECTEVR, auant que d'abandonner ce liure à ton iugement, ie veux t'aduertir que ce n'a point esté mon dessein en y trauaillant d'instruire personne, & moins encore de satisfaire aux esprits critiques dont ie sçay que le monde est plein: le public aussi ne m'en doit point sçauoir gré; ie n'ay aucune pensée de le vouloir obliger, il est enuieux & mauuais estimateur; en vn mot ne m'estant point proposé de contenter ces gens-là, il m'a esté bien facile de donner à mon trauail le succés que i'ay desiré; mon principal but estoit de me satisfaire le premier, ie n'y ay point eu de peine, quoy qu'il se rencontre quelquefois de certains esprits qui se font plus rudes & plus difficiles à eux-mesmes, qu'ils ne le seroient aux autres: mais pour moy ie n'en vse pas ainsi; nous auons tousiours d'ailleurs assez d'ennemis, & quoy que ie peusse faire ie m'attends bien que d'abord on dira de moy tout ce que la ialousie reproche ordinairement à la nouueauté : Que n'estant point artisan ce n'est pas mon faict de prescrire aux autres les regles de leur mestier; que ie n'apprens rien icy de particulier; que les liures d'où i'ay tiré tout ce que ie dis estans fort communs & beaucoup plus amples que le mien, il n'estoit point à propos de les effleurer ainsi; qu'il eust mieux valu chercher & produire quelque chose qui n'ait point encore esté veuë; que l'esprit est libre, & que nous auons autant de droict d'inuenter & de suiure nostre genie que les anciens, sans nous rendre comme leurs esclaues, veu que l'art est vne chose infinie qui se va perfectionnant tous les iours, & s'accommodant à l'humeur des siecles & des nations qui iugent diuersement; & definissent le Beau chacune à sa mode; & plusieurs autres semblables raisonnemens vagues & friuoles, qui font neantmoins grande impression sur l'esprit de certains demi-sçauants que la pratique des arts n'a point

A

encore def-abufez, & fur les ouuriers fimples qui n'ont leur meftier qu'au bout des doigts: mais il ne faut pas s'en rapporter à de tels arbitres. On en trouue d'autres, quoy que rarement à la verité, qui ayant bien eftabli leur premiere eftude fur les principes de la Geometrie auant que de trauailler, arriuent aprés fans peine & affeurément à la connoiffance de la perfection de l'art; ce n'eft qu'à ceux-là que ie m'addreffe, & à qui ie veux communiquer la penfée qui m'eft venuë de feparer en deux branches les cinq ordres de l'Architecture, & former vn corps à part des trois que nous auons eu des Grecs, le Dorique, l'Ionique & le Corinthien, qu'on peut appeller auec raifon la fleur & la perfection des ordres, puis qu'ils contiennent non feulement tout le beau, mais encore tout le neceffaire de l'Architecture, n'y ayant que trois manieres de baftir; la folide, la moyenne, & la delicate: lefquelles font toutes parfaitement exprimées en ces trois ordres icy, & par confequent n'ont point befoin des deux autres, (le Tofcan & le Compofite) qui eftans Latins & comme eftrangers à leur égard, femblent en quelque façon d'vne autre efpece, de forte qu'eftans meflez, ils ne font pas bien enfemble; ce que ceux à qui ie parle verront auffi-toft qu'ils fe feront dépoüillez d'vn certain refpect aueugle que l'an-cienneté & le long vfage, mefme des plus grands abus, imprime ordinairement en la plufpart des efprits, & les preoccupe de telle forte qu'ils ont aprés de la peine à s'en détromper, parce qu'ils deferent trop, & n'ofent quafi examiner ce qui a efté receu par l'approbation commune depuis vn long-temps. Mais s'ils confiderent qu'on ne trouue point d'exemple antique où les ordres Grecs foient employez parmy les ordres Latins, & de plus, qu'il a paffé tant de fiecles remplis d'ignorance, particulierement au faict de l'Architecture & de la peinture, que les guerres & les frequentes inondations des barbares dans le païs de leur origine auoient prefque éteintes, & qui ne font que renaiftre depuis peu d'années que ces grands modernes Michelange & Raphaël les ont comme déterrées des ruïnes de l'antiquité fous lefquelles ces pauures fciences demeuroient enfeuelies; j'ay vne grande efperance de les voir de mon fentiment: Car ce n'eft pas ma penfée d'aller à la nouueauté, au contraire ie voudrois s'il eftoit poffible remonter iufqu'à la fource des ordres, & y puifer les images & les idées toutes pures de ces admirables maiftres, qui les auoient inuentez, & en apprendre l'vfage de leur propre bouche, parce que fans doute ils ont bien décheu à mefure qu'ils font allez s'éloignant de leur principe, & qu'on les a comme tranfplantez chez les eftrangers, où ils ont degeneré fi notablement qu'ils feroient à peine reconnoiffables à leurs autheurs. Car à confeffer la verité, auons-nous raifon de nommer encore Dorique, Ionique & Corinthien, ces trois pauures ordres, mal-traittez & défigurez qu'ils font tous les iours par nos ouuriers? leur refte-t'il vn feul membre qui n'ait receu quelque alteration? à peine mefme trouueroit-on maintenant vn Architecte qui ne dédaignaft de fuiure les meilleurs exemples de l'antiquité; ils veulent tout compofer à leur fantaifie, & penfent que l'imitation eft vn trauail d'apprentif; que pour eftre maiftres il faut neceffairement produire quelque nouueauté: pauures gens qu'ils font, de croire qu'en fantaftiquant vne efpece de corniche particuliere, ou telle autre chofe, ils ayent fait vn ordre nouueau.

& qu'en cela seulement consiste ce qu'on appelle inuenter, comme si le Pantheon, ce merueilleux & incomparable edifice qu'on void encore auiourd'huy à Rome, n'estoit pas vne inuention de celuy qui l'a basty, parce qu'il n'a rien changé à l'Ordre Corinthien, dont il est entierement composé. Ce n'est pas dans le détail des parties qu'on void le talent d'vn Architecte, il le faut iuger à la distribution generale de son œuure. Les petits esprits qui ne peuuent arriuer à la connoissance vniuerselle de l'art, ny en embrasser toute l'estenduë, sont forcez de s'arrester là par leur impuissance, & rampent incessamment autour de ces minuties: aussi comme leur estude n'a point d'autre obiect, & qu'ils sont desia steriles d'eux-mesmes, leurs idées sont tellement basses & disgraciées, qu'elles ne produisent rien que des mascarons, de vilains cartouches, & de semblables grotesques ridicules & impertinentes, dont l'Architecture moderne est toute infectée. Les autres que la nature a mieux partagez, & qui ont vne plus belle imagination, voyent bien que la beauté veritable & essentielle de l'Architecture n'est pas simplement en chaque partie prise à part, mais qu'elle resulte principalement de la symmetrie, qui est l'vnion & le concours general de toutes ensemble, laquelle vient à former comme vne harmonie visible, que les yeux purgez & éclairez par l'intelligence de l'art considerent auec grand plaisir. Le mal est que ces beaux genies sont tousiours en fort petit nombre, au lieu que les ouuriers vulgaires fourmillent par tout. Si les grands vouloient se desabuser vn peu du mespris qu'ils font des arts, & de ceux qui s'y appliquent, & considerer la necessité qu'ils en ont eux-mesmes, particulierement de celuy-cy, dont ie vais traitter; il y a grande apparence qu'on les verroit refleurir encore à present, & renaistre pour ainsi dire de nouueaux antiques. L'experience en est assez fraische sous le regne de François premier vn des plus illustres Roys de l'Histoire, qui par vn amour extraordinaire qu'il portoit à la vertu & aux grandes choses, peupla son Estat des plus rares personnages de son siecle, lesquels esleuerent de superbes monuments à la memoire de ce grand Monarque. C'est à mon aduis le seul remede pour restablir tous les arts en leur premiere splendeur, d'où le mespris les a fait décheoir. Les Grecs qui en furent les inuenteurs, & chez lesquels seuls ils ont peut-estre esté veus en leur perfection, les tenoient en vne si haute estime parmy eux, que les premiers de leurs Republiques en faisoient mestier, mais d'vne façon qui n'estoit point mercenaire; leurs ouurages se payoient d'honneur, & comme ils se proposoient la gloire & l'immortalité de leur nom pour recompense, ils ne faisoient que de grandes choses. Ce que nous lisons de cette nation seroit difficile à croire, si la foy de leurs autheurs n'estoit sans reproche, & qu'il ne restast encore auiourd'huy des marques visibles de ce qu'on nous en raconte. Il n'y a rien de recommendable au monde que ce diuin pays n'ait produit en toute excellence, les grands Capitaines, les Philosophes de toutes sectes, les Poëtes, les Orateurs, les Geometres, les Peintres & les Sculpteurs, les Architectes, & generalement tout ce qui porte le nom de Vertu est sorty de là. Voulons-nous bien faire, ne quittons point le chemin que ces grands maistres nous ont ouuert, & suiuons leurs traces, auoüant de bonne foy que le peu de ces belles choses qui a passé iusques à nous est encore de leur propre bien. C'est le suiet qui m'a conuié de com-

A ij

mencer ce recueil par les Ordres Grecs, que ie fuis allé puifer dans l'Antique
mefme, auant que d'examiner ce qu'en écriuent les Autheurs modernes ; car
les meilleurs liures que nous ayons fur cette matiere, ce font les ouurages de
ces vieux maiftres qu'on void encore auiourd'huy en pied, la beauté defquels
eft fi veritable & fi vniuerfellement reconnuë, qu'il y a prés de deux mille
années que tout le monde l'admire. C'eft là qu'il faudroit aller faire fes eftudes, pour accouftumer les yeux & conformer l'imagination des ieunes gens
aux idées de ces excellents efprits, qui eftans nez parmy la lumiere & dans la
pureté du plus beau climat de la terre, eftoient fi nets & fi éclairez qu'ils
voyoient naturellement les chofes que nous découurons icy à peine, aprés
vne longue & penible eftude. Ie fçay qu'il eft libre à vn chacun d'eftimer ce
que bon luy femble des arts mixtes, tels qu'eft celui-cy, dont les principes
eftans feulement fondez fur l'obferuation & fur l'authorité des exemples,
n'ont point de demonftration precife. C'eft pourquoy ie me feruiray du priuilege que ie laiffe aux autres d'en iuger comme il leur plaira: Pour moy ie remarque dedans les trois Ordres Grecs vne beauté fi particuliere & fi excellente, que les deux autres Latins ne me touchent point en comparaifon ; auffi
le rang qu'on leur a donné, fait bien connoiftre qu'il n'y auoit plus de place
pour eux qu'aux extremitez ; comme le rebut de part & d'autre. La rufticité
& pauureté du Tofcan l'ayant exilé des villes, & renuoyé aux maifons des
champs, ne meritant pas d'entrer dans les Temples ny dans les Palais, il eft
demeuré tout le dernier & comme hors d'œuure. Quant à l'autre, qui veut
encherir fur le Corinthien, & qu'on nomme Compofite, il eft encore à mon
iugement plus déraifonnable, & me femble mefme indigne du nom d'Ordre,
puis qu'il a efté la caufe de toute la confufion qui s'eft introduite dans l'Architecture, depuis que les ouuriers ont pris la licence de fe difpenfer de ceux que
les Antiques nous auoient prefcrits, pour en gotthizer à leur caprice vne infinité qui paffent tous fous ce nom. Le bon Vitruue preuoyoit bien dés fon temps le
mauuais effect que ceux de la profeffion alloient faire naiftre par l'amour de la
nouueauté qui les emportoit defia au libertinage ; & au mépris des regles de
l'art qui deuoient eftre inuiolables; tellement que c'eft vn mal enuieilly qui va
tous les iours encore empirant, & eft quafi fans remede. Neantmoins fi nos
Modernes vouloient donner quelques bornes à leur licence, & demeurer és limites de l'Ordre Romain, qui eft le vray Compofite, & qui a fes regles auffi
bien que tous les autres ; ie n'y trouuerois rien à redire, puis qu'on en void des
exemples parmy les veftiges des fiecles les plus fleuriffans ; comme celuy de
Titus Vefpafianus, auquel le Sénat, aprés la prife de Ierufalem, fit eriger vn
Arc de triomphe magnifique qui eft de cet Ordre : mais il ne faut l'employer
que bien à propos & toufiours tout feul ; c'eft ainfi qu'en ont vfé fes Inuenteurs, qui connoiffans bien fon foible en le comparant aux autres, fuyoient
de le mettre en parangon auec eux. Nos Architectes n'ayant pas eu cette confideration, font tombez fouuent dans vn erreur qui n'a point d'excufe, de faire
pofer le fort fur le foible. Scamozzi eft le premier qui en a parlé dans fon
traitté des cinq Ordres, où il donne au Corinthien la plus haute place. Tou-
tesfois pour éuiter toute forte de conteftation, ie trouue plus feûr de ne les
mefler iamais enfemble, puis que les Antiques ne l'ont point fait : quoy que

Philibert de Lorme, & Sebaftien Serlio penfent tous deux l'auoir veu au Coli-
fée, & qu'ils en rapportent mefme le deffein pour eftre l'exemple de leur Ordre
Compofite. Mais ils ont fait vne obferuation tres-fauffe, car ce font deux Corinthiens l'vn fur l'autre; & quoy que dans le dernier, qui fait le couronnement de
ce grand coloffe de baftiment, la corniche ne reffemble point à l'autre, & qu'elle
foit fort particuliere, les chapiteaux neantmoins font d'vn mefme ordre, & Scamozzi n'a pas oublié de le remarquer. Cela nous doit auertir de ne croire pas legerement ce que les liures nous difent quand on a moyen d'aller à la fource s'é-
claircir mieux de la verité : car fouuent aprés auoir bien examiné les deffeins de
diuers maiftres fur mefme fuiet, & fait vn calcul exact des mefures qu'ils en donnent, on les trouue affez rarement d'accord entre eux, quoy qu'ils difent tous les
auoir foigneufemét obferuez. Mais pour ne bleffer perfonne, puis qu'vn chacun
fait le mieux qu'il peut , & que nous auons toufiours de l'obligation à ceux qui
nous ont communiqué leurs eftudes ; ie n'en veux point rapporter d'exemples :
il fuffit d'auoir auerti de s'en prendre garde : ceux qui auront la curiofité d'en
faire la preuue, qui ne fera pas fans fruict , trouueront d'abord affez de difficulté dans la confufion des differentes manieres de ces Architectes , qui, au
lieu de trauailler fur la raifon du module des colonnes, qui eft la methode naturelle & particulierement affectée aux proportions de l'Architecture , font
allez vfer de palmes, de pieds, & d'autres mefures generales comme auroient
fait de fimples maçons, lefquelles embroüillent fi fort l'imagination, qu'il eft
affez malaifé de s'en démefler, & font perdre bien du temps à les rapporter enfin
à l'efchelle du module, fans quoy toutes leurs recherches demeureroient inutiles. C'eft à cela principalement que i'ay tafché d'apporter remede , reduifant
tous les deffeins de ce liure à vn module, commun, qui eft le demidiametre
de la colonne, diuifé en trente minutes, afin d'approcher de la precifion tant
qu'il eft poffible : ce que peut-eftre la plufpart des ouuriers n'approuueront
point d'abord, n'eftans pas accouftumez à rechercher fi exactement les chofes
de leur meftier. Ie veux neantmoins, pour preuenir leur cenfure, les renuoyer
aux efcrits d'André Palladio & de Scamozzi, les deux plus grands maiftres
que nous ayons de la profeffion ; lefquels en leurs traittez des cinq Ordres,
prenans le diametre entier pour module, luy ont donné foixante minutes,
qu'ils fubdiuifent encore fouuent en moitiez, en tiers, & en quarts, felon qu'ils
le iugent neceffaire, comme on trouuera dans ce recueil où i'ay rapporté ponctuellement leurs deffeins l'vn en parangon de l'autre, par vne methode fi facile, qu'en vn inftant on peut voir en quoy & de combien ils font differents entre-eux : tellement que par le moyen de cette comparaifon chacun a la liberté
d'en faire choix à fa fantaifie & de fuiure lequel il voudra des Autheurs que ie
propofe, parce qu'ils font tous dans l'approbation commune. Mais pour n'y
proceder pas à la legere, & pour en faire vne élection iudicieufe, il faut eftre
bien inftruit auparauant des principes de l'Architecture, & auoir fait quelque
eftude fur les Antiques, qui font la regle de l'art. Ce n'eft pas que tous les An-
ques indifferemment foient à imiter, au contraire il y en a peu de bons, &
grand nombre d'autres. Ce qui a produit cette varieté confufe de nos Autheurs, qui traittans des Ordres & de leurs mefures, en ont parlé fort diuerfement. C'eft pourquoy i'eftime qu'il eft toufiours plus certain d'aller à la four-

eé, & fuiure precifément les modenatures & les propórtions des edifices antiques, qui ont le confentement & l'approbation vniuerfelle de ceux de la profeffion ; comme à Rome le theatre de Marcellus , le temple de la Rotonde,
les trois colonnes prés le Capitole, & quelques autres femblables dontie feray
voir icy les profils fur chacun des Ordres , & en fuite ceux des Architectes
modernes, afin qu'en les confrontant à ces beaux exemples qui font les originaux de l'art, on vienne à les efprouuer comme à la pierre de touche : ce que
i'ay fait auec grand plaifir en trauaillant à cét œuure icy , & qu'vn chacun
pourra faire maintenant auffi bien que moy, & à meilleur compte de tout le
temps que i'ay employé à en ouurir le chemin. Voila, mon Lecteur, ce qu'il
eft bon que tu fçaches touchant mon trauail, pour en pouuoir faire vne eftima-
tion fincere & iudicieufe.

PREMIERE PARTIE.

DES ORDRES EN GENERAL.

CHAPITRE I.

L eft affez difficile de determiner precifément cé que le nom
d'Ordre fignifie chez les Architectes , quoy qu'il foit tres-ne-
ceffaire de le bien entendre. De tous les modernes qui ont écrit
des cinq Ordres, il n'y a que Scamozzi qui ait penfé à en donner la definition : elle eft au 1. chap. de fa 2. partie, page 2. ligne
41. où il dit , Que c'eft vn certain genre d'excellence qui accroift beaucoup
la bonne grace & la beauté des edifices facrez ou profanes. Mais à mon auis il
euft mieux valu s'en taire comme ont fait les autres , que d'en parler en termes fi vagues & auec fi peu de folidité. Le pere Vitruue au 2. chap. l. 1. l'appelle Ordonnance, & ce nom eft maintenant beaucoup en vfage parmy les
peintres, quand ils veulent exprimer l'elegante compofition d'vn tableau, ou
la diftribution des figures d'vne hiftoire , ils difent que l'Ordonnance en eft
belle : neantmoins ce n'eft pas encore exactement l'intention des Architectes, & Vitruue s'efforçant de nous l'expliquer, adioufte que c'eft vne commo-
dité ou difpenfation reguliere des membres de l'œuure feparément , & vne
comparaifon de toute la proportion à la fymmetrie. Peut-eftre qu'vn autre
plus fubtil & plus penetrant que ie ne fuis, découurira le myftere de ces paroles que ie n'entens point : c'eft pourquoy ie les ay ainfi traduites du texte
Latin , tout fimplement mot à mot, afin de les propofer auec plus de naïfueté
à ceux qui en voudront faire leur profit. Daniel Barbaro, qui nous a donné
fur cét Autheur deux excellens commentaires, s'eft fort trauaillé à éclaircir
ce paffage qui n'eft pas encore fans difficulté. Philander , au mefme chapitre, a trouué plus court de n'en parler point, & s'eft amufé à d'autres chofes
bien moins neceffaires. Tellement que pour fortir de ce labyrinte, il faut
venir au détail , & confiderer la chofe materiellement par chacune de fes par-

ties, afin qu'elle touche dauantage l'imagination, & nous forme diftincte-
ment fon idée, qui eft ce que nous deuons chercher ; car l'Architecture ne
confifte pas en des paroles, fa demonftration doit eftre fenfible & oculaire. Il
eft conftant entre tous ceux du meftier, que la principale piece d'vn ordre c'eft
la colonne, & que fon entablement eftant pofé fur le chapiteau, c'en eft la
compofition entiere. Si donc nous voulons le definir exactement, & en donner vne intelligence bien expreffe, il en faut faire comme vne maniere d'a-
natomie, & dire que la colonne auec fa bafe & fon chapiteau couronnée d'vn
architraue, frize & corniche, forme cette efpece de baftiment qu'on appelle
vn ordre, puis que cela fe rencontre generalement & de mefme fuite en tous
les ordres, dont la difference ne confifte qu'en la proportion de ces parties &
en la figure de leurs chapiteaux. Ils ont bien encore quelques ornemens particuliers, comme les triglifes au Dorique, les denticules à l'Ionique, & les
modillons au Corinthien : mais cela n'eft pas de fi grande obligation, que les
Antiques les plus reguliers ne s'en foient fouuent difpenfez, car les ornemens
ne font qu'acceffoires dans les ordres, & s'y peuuent introduire diuerfement
felon l'occafion, principalement au Corinthien, où les Architectes ayant à reprefenter vne beauté feminine & virginale, comme nous pouuons iuger par ce
que Vitruue nous raconte de Callimacus au 1. chap. de fon 4. liure, ne doiuent
rien épargner de ce qui peut embellir & perfectionner vn œuure, & les Antiques nous ont donné tant d'exemples de cet ordre, efquels ils ont fait vne profufion d'ornemens fi exceffiue, qu'on diroit qu'ils ont voulu s'en épuifer l'imagination pour en combler ce chef-d'œuure de l'Architecture. Neantmoins il
n'en va pas de mefme des autres, où la beauté doit eftre plus mafle, & fur tous
à l'ordre Dorique, la folidité duquel repugne aux ornemens delicats, de forte qu'il reüffit mieux dans la fimple regularité de fes proportions : les bou-
quets & les guirlandes ne fiéent point à Hercule, il eft plus paré d'vne maffuë
toute raboteufe : car il y a des beautez de plufieurs efpeces, & fouuent fi dif-
femblables, que ce qui conuient à l'vne eft contraire à l'autre. Pour l'ordre
Ionique, il eft au milieu des deux extrémes, & tient comme la balance entre
la folidité Dorique, & la gentilleffe Corinthienne : c'eft pourquoy nous le
trouuons diuerfement employé dans les baftimens antiques, quelquesfois
affez orné, d'autresfois plus fimple, felon le genie de l'Architecte, où la qualité de l'edifice. Tellement que ces trois ordres fourniffent toutes les manieres
de baftir, fans qu'il foit befoin de recourir au Tofcan ny au Compofite, que
i'ay tous deux referuez exprés fur la fin de ce traitté, & détachez de ceux-cy
comme fupernumeraires & prefque inutiles : car l'excellence & la perfection
d'vn art ne confifte pas en la multiplicité de fes principes ; au contraire les plus
fimples & en moindre quantité le doiuent rendre plus admirable : ce que nous
voyons en ceux de la Geometrie, qui eft cependant la bafe & le magazin general de tous les arts, d'où cetui-cy a efté tiré ; & fans l'aide de laquelle il eft
impoffible qu'il fubfifte. Nous pouuons donc bien conclure que les ordres
n'eftans que les elements de l'Architecture, & ces trois premiers que nous
auons eus des Grecs, comprenans toutes les efpeces de baftimens, il eft fu-
perflu d'en vouloir encore augmenter le nombre.

DE L'ORDRE DORIQVE.

CHAPITRE II.

CE n'est pas vne petite recommendation pour l'ordre Dorique, de monſtrer qu'il a eſté la premiere idée reguliere de l'Architecture, & que comme fils aiſné de cette reyne des arts, il a eu l'honneur auſſi d'eſtre le premier à baſtir des temples & des palais. L'antiquité de ſon origine, ſelon tous ceux qui en ont écrit, eſt quaſi immemoriale ; neantmoins Vitruue la refere auec aſſez d'apparence à vn prince d'Achaïe nommé Dorus, lequel eſtant ſouuerain du Peloponneſe, fit baſtir en la fameuſe ville d'Argos vn ſuperbe temple à la deeſſe Iunon, qui fut le premier modele de cét ordre, à l'imitation duquel les peuples voiſins en dreſſerent pluſieurs autres ; entre leſquels le plus renommé, fut celuy que les habitans de la ville Olympia dedierent à Iupiter qu'ils ſurnommerent Olympien. L'iſle de Delos en éleua vn auſſi tres-celebre au dieu Apollon, en memoire de ce qu'il y auoit pris ſa naiſſance, duquel on void encore auiourd'huy quelques veſtiges : & ce fut en celuy-là qu'on mit les premiers triglifes en la forme que nous les voyons maintenant, repreſentans la figure d'vne lyre antique dont ce dieu auoit eſté l'inuenteur. Dans Elide, ville de cette meſme contrée, il y eut pluſieurs fabriques memorables toutes de cét ordre, dont les principales furent, vn grand periſtile ſeruant de place publique, ayant à l'entour vn triple rang de portiques auec les colonnes, & trois magnifiques temples, ſelon le rapport de Pauſanias au 5. liure, l'vn à la deeſſe Iunon, tout enuironné de grandes colonnes de marbre, l'autre à la mere des dieux Dyndima, & le troiſiéme à Minerue qu'ils appellerent du nom de leur ville ; & ce dernier fut ſans doute vn admirable chef-d'œuure, ayant eſté fait par cét illuſtre Scopas competiteur de Praxiteles, en la ſtructure du merueilleux mauſolée, que la reyne Artemiſia fit dreſſer à la memoire de ſon mary. Vitruue en rapporte encore d'autres en ſa preface du 7. liure, parmy leſquels il remarque celuy de Ceres & Proſerpine dans la ville d'Eleuſie, comme vn œuure d'émerueillable grandeur. Mais il ſeroit inutile de faire icy vne plus longue recherche de ces edifices, puis que ceux qui nous en parlent n'ont rien remarqué de particulier touchant leur forme, dont on puiſſe tirer du profit pour l'imitation. Ils nous diſent bien auſſi le nom de pluſieurs grands Architectes de ces temps-là, qui écriuirent eux-meſmes les regles de leur meſtier, entre leſquels vn nommé Silenus auoit traitté generalement de la proportion Dorique, & vn certain Theodorus auoit fait la deſcription d'vn temple de ce meſme ordre, baſti à la deeſſe Iunon par les habitans de l'iſle Samos, auec pluſieurs autres mentionnez au meſme lieu, dont les liures ne ſe trouuent plus : tellement qu'aprés la perte de tant d'excelleus autheurs qui eſtoient la ſource meſme de l'art, où nous pourrions maintenant puiſer la pureté de ſon origine, il faut par neceſſité ſe contenter des obſeruations & des coniectures que les modernes ont faites ſur quelques veſtiges de l'antiquité, qui nous ſeruent maintenant de liures, & où tous les maiſtres, que i'ay aſſemblez icy comme au conſeil general de l'Architecture, ont

fait

fait leurs eſtudes. Mais parce que naturellement vn chacun abonde en ſon ſens, & ſe forme vne beauté à ſa mode, i'ay eſtimé neceſſaire aprés les deſſeins qu'ils nous ont donnez pour regle, de reuenir touſiours aux Antiques, comme à la meilleure bouſſole que nous puiſſions ſuiure, parmi leſquels il ſe trouue encore aſſez de varieté pour contenter raiſonnablement le gouſt de ceux qui veulent choiſir. C'eſt pourquoy i'en donneray ſur chaque ordre deux ou trois exemples, tirez des originaux, & meſurez bien exactement par la raiſon du module de la colonne, auec la diuiſion meſme que i'ay obſeruée aux autres deſſeins des maiſtres, afin que tout ſe rencontrant vniforme & ſous vne ſeule échelle, la comparaiſon & l'examen en ſoient plus faciles : car la multiplicité des operations eſt touſiours deſauantageuſe, à cauſe de la confuſion qu'elle fait naiſtre ordinairement en l'eſprit de ceux qui trauaillent, & qu'elle conſume auſſi plus de temps, qui ſont deux inconueniens de grande importance : & quand tout le fruict de mon trauail en ce ramas des Autheurs ne profiteroit aux ſtudieux de l'Architecture que de les auoir ainſi aiuſtez enſemble, ie croy qu'ils s'en pourroient contenter. Mais reuenons à l'ordre Dorique, & conſiderons en gros ſa forme, ſes proprietez, & ſa difference d'auec les autres, auant que d'entrer dans le détail de ſes proportions ; car les regles generales doiuent preceder les particulieres. Ayant donc poſé pour fondement que cét ordre nous repreſente la ſolidité, qui eſt ſa qualité ſpecifique & principale, on ne le doit employer que dans les grands edifices, & baſtimens de cette nature, comme aux portes des citadelles & des villes, aux dehors des temples, aux places publiques, & autres ſemblables lieux, où la delicateſſe des ornemens eſt inutile & peu conuenable : tellement que la maniere heroïque & giganteſque de cét ordre y fait merueilleuſement bien ſon effect, & montre vne certaine beauté maſſe & naïfue, qui eſt proprement ce qu'on appelle la grande maniere. Ie vays remarquer ſur ce propos vne choſe à mon auis aſſez curieuſe, touchant le principe de la difference des manieres, & d'où vient qu'en vne pareille quantité de ſuperficie, l'vne ſemble grande & magnifique, & l'autre paroiſt petite & meſquine : la raiſon en eſt fort belle, & n'eſt pas commune. Ie dis donc que pour introduire dans l'Architecture cette grandeur de maniere dont nous parlons, il faut faire que la diuiſion des principaux membres des ordres ait peu de parties, & qu'elles ſoient toutes grandes & de grand relief, afin que l'œil n'y voyant rien de petit, l'imagination en ſoit fortement touchée. Dans vne corniche, par exemple, ſi la doucine du couronnement, le larmier, les modillons ou les denticules viennent à faire vne belle montre auec de grandes ſaillies, & qu'on n'y remarque point cette confuſion ordinaire de petits cauets, de quarts de ronds, d'aſtragales, & ie ne ſçay quelles autres particules entre-meſlées, qui n'ont aucun bon effect dans les grands ouurages, & qui occupent du lieu inutilement & aux deſpens des principaux membres ; il eſt tres-certain que la maniere en paroiſtra fiere & grande : & tout au contraire elle deuiendra petite & chetiue par la quantité de ces menus ornemens, qui partagent l'angle de la veuë en tant de rayons & ſi preſſez, que tout luy ſemble confus. Et quoy qu'on iugeaſt d'abord que la multiplicité des parties deuſt contribuer quelque choſe à l'apparence de la grandeur, neantmoins il en arriue tout autrement,

B

comme nous verrons en l'examinant par des exemples, & dans les defleins des maiftres que i'ay recueillis icy, où en mefme temps on connoiftra & la qua-lité de leurs genies, & la varieté de leurs iugemens : car les vns eftiment riche & delicat ce que les autres nomment petit & confus ; & ce qui nous femble de grande maniere, ceux-là le trouuent groffier & lourd : ce qui pourroit eftre vray fi on excedoit les termes de la proportion, & qu'on panchaft trop vers l'vne ou l'autre des extremitez. Mais cecy foit dit en paffant, & reuenons à nos regles generales. Les colonnes de l'ordre Dorique ont cela de remarqua-ble entre les autres, que dans les plus beaux ouurages de l'antiquité, où elles ont efté employées, on les void fans bafe ; comme au theatre de Marcellus à Rome, au theatre de Vicence, & dans vn arc de triomphe tres-magnifique qui eft à Verone ; & Vitruue ayant traitté de cét ordre icy plus exactement que d'aucun autre, ne parle point de fa bafe, quoy qu'il ait décrit affez au long les mefures de l'Ionique, & de l'Attique pour le Corinthien : n'ayant pas mefme oublié celle du Tofcan. Neantmoins il n'y a pas vn des Architectes modernes qui ne trouue cecy à redire, & qui n'y en ait voulu accommoder vne à fa mode. Pour moy ie ferois vn grand fcrupule de condamner ces vieux maiftres qui faifoient tout auec tant de circonfpection : il vaut beaucoup mieux tafcher à découurir leur intention, qui aura efté fans doute tres-iudi-cieufe, afin de n'adioufter rien mal à propos à cét ordre, & qui foit contraire à fes principes. Prenons donc la chofe dés fon origine, & confiderons à quel ef-fet on accommoda des bafes au pied des colonnes, & ce qu'elles y reprefen-tent, afin d'inferer delà fi elles conuiennent à celles-cy, comme aux autres. Vitruue l'enfeigne au 1. chapitre de fon 4. liure, ne commençant d'en parler qu'à l'occafion de la colonne Ionique, laquelle il dit auoir efté compofée fur le modele d'vne beauté feminine, y affortiffant toutes les parties, comme les volutes du chapiteau à la forme des coiffeures & aux treffes des cheueux des femmes ; la tige de la colonne à leur taille alegre, les canneleures aux plis de leurs robbes, & la bafe à leur chauffeure. Au mefme lieu il compare noftre Do-rique à vn homme fort, tel que feroit vn Hercule, lequel n'a iamais efté repre-fenté que les pieds tous nuds : tellement que nous pouuons bien iuger par là, que les bafes ne conuiennent point auffi à l'ordre Dorique. Mais l'vfage qui a efté introduit licentieufement contre tant d'exemples que nous en auons dans les antiques, a tellement preuenu l'imagination par ie ne fçay quelle fauffe ap-parence de beauté, qu'il l'emporte maintenant deffus la raifon : neantmoins les yeux purgez, eftans aduertis de cét abus, s'en détrompent tout incontinent, & comme le vray-femblable fe trouue faux lors qu'on l'examine, de mefme les apparences du beau, contre la raifon, deuiennent enfin extrauagantes. Cette obferuation eftant fondée fur les grands exemples que i'ay citez, & la raifon luy feruant encore de regle, elle doit paffer pour demonftrée. Voyons donc le refte de l'ordre. Son entablement eft plus maffif & plus haut que dans les ordres fuiuans, parce que la force de la colonne eftant plus grande, on doit luy donner auffi plus de charge. Il a d'ordinaire vne quatriéme partie de la colon-ne, où dans les autres il n'a bien fouuent qu'vne cinquiéme, & quelquesfois moins : la corniche ne veut eftre ornée d'aucuns feüillages, ny d'autres fem-blables delicateffes ; & fi on luy donne des modillons, ils doiuent eftre quarrez

& fort simples. La frize a son ornement reglé, qui sont des triglifes, le compartiment desquels oblige à vne suietion tres-grande, & qui estoit autresfois si embarassante, que les plus grands maistres auoient de la peine à s'en démesler : mais Vitruue y a trouué des moyens assez commodes, qu'on pourra voir en son 4. liure, chap. 3. Cependant il suffira que ie die icy que toute la suietion consiste à faire que le triglife soit tousiours precisément au droit du milieu de la colonne, sur laquelle il se rencontre, & que les metopes, c'est à dire les espaces d'entre les triglifes, soient parfaitement quarrées ; car cela est tellement essentiel dans l'ordre, qu'on ne doit iamais s'en dispenser. Ce qui en rend l'execution difficile vient de la distribution des entre-colonnes, qui ont aussi leurs distances regulieres & determinées, lesquelles ne quadrent pas toutes iustement auec celles des triglifes. Voyez le 2. chap. du 3. liure de Vitruue, commenté par le R. Daniel Barbaro, où tout cecy est excellemment bien expliqué par discours & par figure. L'architraue aussi a son ornement particulier, qui sont de certaines gouttes pendantes dessous les triglifes, lesquelles semblent en quelque façon y estre attachées, & ne faire qu'vne mesme chose, parce qu'on ne void iamais les vns sans les autres. Tout le corps de l'architraue doit paroistre fort & bien solide : pour cét effect ie ne le voudrois que d'vne face toute pleine, de peur que le partageant en deux il ne s'en monstrast plus foible, selon le principe que nous venons d'établir sur la diuersité des manieres : neantmoins cela est icy de petite consequence, pourueu qu'on ne passe point iusqu'à trois faces, comme és autres ordres, auquel cas la faute seroit notable. Voila donc en gros comme vne ébauche de l'ordre Dorique, sur laquelle on peut commodement rechercher tout le détail de ses membres particuliers auec leurs mesures, qui se trouueront tousiours par ce moyen dans les termes reguliers de son étenduë. I'en vays toucher quelques-vns des principaux, seulement afin d'ouurir le chemin, remettant à voir le reste dans les desseins, où tout est si clair & si precis, que ayant vne fois conceu que le module duquel ie me sers par tout est le demidiametre de la colonne diuisé en 30. minutes, & que ie commence aussi tousiours à mesurer les saillies de chaque profil depuis la ligne centrale de la colonne, pour auoir en mesme temps, auec la modenature des membres, la position & le iuste alignement de la colonne, tout le reste aprés ne peut faire aucune difficulté : car on verra tout incontinent que 30. minutes faisant le demidiametre, 60. minutes doiuent faire le diametre entier ; & 45. les trois quarts ; 40. deux tiers ; 20. vn tiers ; 15. vn quart ; & ainsi de suite : ce que ie fais remarquer expressément, afin d'auertir aussi par mesme moyen que i'ay reduit toutes les mesures de mes desseins par minutes, sans vser des noms de module, de diametre, de tiers, de quarts ny autres semblables proportions, pour ne point embarasser les profils de tant d'écriture, outre qu'elles ne sont pas assez precises, & qu'il eust encore esté souuent necessaire d'y adiouster des minutes, & dire vn module & 3. minutes ; deux tiers de module & 4. minutes ; vn quart & 1. minute ; demimodule & 2. minutes ; & quantité d'autres semblables fractions, qui auroient fait de la peine inutilement & apporté de la confusion. Cela posé venons à l'application & reprenons nostre ordre Dorique par le détail. Mais de peur que la varieté qui se rencontre dans les desseins des autheurs mo-

dernes que i'ay recueillis icy, n'empeschaft que nous en peussions rien arrester
de determiné, ie ne veux suiure que l'exemple antique tiré du theatre de Marcellus, comme le plus regulier de tous au consentement vniuersel de ceux de
la profession, & si conforme à ce que Vitruue écrit des proportions generales
de cet ordre, que quelques-vns tiennent mesme qu'il a esté l'Architecte de ce
grand ouurage: Ie ne suis pas neantmoins de leur opinion, à cause des denticules qui sont entaillez dans la corniche: car Vitruue au second chapitre de
son premier liure, les interdit à l'ordre Dorique, comme estans naturellement
affectez à l'Ionique: mais cette question n'a rien à faire presentement à nostre
discours. Ie trouue donc que la tige seule de la colonne a de longueur sept fois
son diametre, qui sur le pié de la diuision du demi-diametre en trente minutes (car en tout ce liure ie prens tousiours le demi-diametre de la colonne pour
le module des ordres) font quatre cens vingt minutes, valant quatorze modules: la hauteur du chapiteau a trente minutes, qui font vn module: l'architraue a tout de mesme aussi vn module, ou trente minutes: la frize auec son
listeau (qui est cette platte bande qui la separe d'auec la corniche) a vn module
& demy valant quarante cinq minutes: & la corniche a vn module & vn quart,
qui sont trente sept minutes & demie: tellement que tous ces modules estans
mis ensemble, & la quantité de leurs minutes reduite en vne somme totale,
la hauteur de l'ordre entier se monte à dix-huit modules & trois quarts, lesquels reuiennent à cinq cens soixante & deux minutes & demie: & l'entablement qui est l'architraue, frize & corniche deuant auoir vne quatriéme
partie de la colonne, qui est sa proportion reguliere, contient iustement cent
douze minutes & demie, qui sont trois modules & trois quarts: ce que ie repete expressément afin d'adiouster encore, que bien que tous les exemples de
cet ordre, qui se rencontrent aussi bien dans les antiques que chez les modernes, n'ayent pas tousiours leur entablement dans les mesmes termes des modules de celui-cy; neantmoins ils peuuent estre reguliers dans la proportion
generale, pourueu que l'entablement ait vn quart de la colonne, laquelle n'est
point bornée ny à quatorze modules, ny à quinze mesme, pouuant quelquesfois aller iusqu'à seize, & encore à dauantage selon l'occasion; tellement qu'v-
ne colonne de seize modules aura vn entablement plus haut qu'vne de quatorze; mais il faudra par necessité que toute la difference d'vn entablement à
l'autre se trouue dedans la corniche, parce que la frize & l'architraue ont
leurs mesures determinées & precises, l'vn a vn module, & l'autre a vn module & demy, sans auoir égard à la diuerse hauteur des colonnes. Or la corniche
deuant suppléer ce qui leur manque, pour arriuer à la hauteur de la quatriéme
partie de la colonne, il est euident que sa proportion particuliere dépendra de
celle de la colonne: & que la corniche d'vn profil ne peut seruir à vn autre, quoy
que du mesme ordre, si la hauteur des colonnes n'est égale en l'vn & en l'autre.
Ce qui doit estre soigneusement remarqué, afin que par cette obseruation on
puisse venir à vn bon & iudicieux examen de tous les profils que les modernes
nous ont donnez de cet ordre, & connoistre ceux qui valent la peine d'estre
suiuis: car la proportionalité generale estant defectueuse, il est inutile de la
chercher au détail ny dans les parties, puis qu'elle est necessairement relatiue,
& que l'vne ne peut subsister sans l'autre.

Mais afin de rendre cette difcuffion facile au lecteur, lequel peut-eftre faute de pratique s'y trouueroit empefché, ie vais luy donner icy vne methode tres courte par le moyen de laquelle il la pourra faire en vn inftant & fans confufion. Il faut prendre la hauteur de l'entablement du deffein qu'on examine, & en faire vne multiplication conforme à la proportion qu'il doit auoir auec fa colonne, eu égard à l'ordre qu'il reprefente; fi c'eft par exemple vn quart, comme en ce Dorique, il faudra multiplier cet entablement par quatre; fi c'eft vn cinquiéme, comme nous verrons en fuite en quelques exemples Corinthiens, il faut le multiplier par cinq; & ainfi des autres; car le total de cette multiplication nous doit donner iuftement la hauteur de la colonne : & où cela ne quadrera point, il eft certain que le profil n'eft pas regulier.

Ie ferois trop long fi ie voulois déchiffrer ainfi par le menu tout ce qui regarde ces principes, & penfant me rendre clair, par vne prolixité de difcours & de calculs, ie pourrois enfin deuenir confus & ennuyeux au lecteur, qui fans doute comprendra mieux tout cecy à voir mes deffeins; car les paroles ne font iamais fi expreffes que les figures.

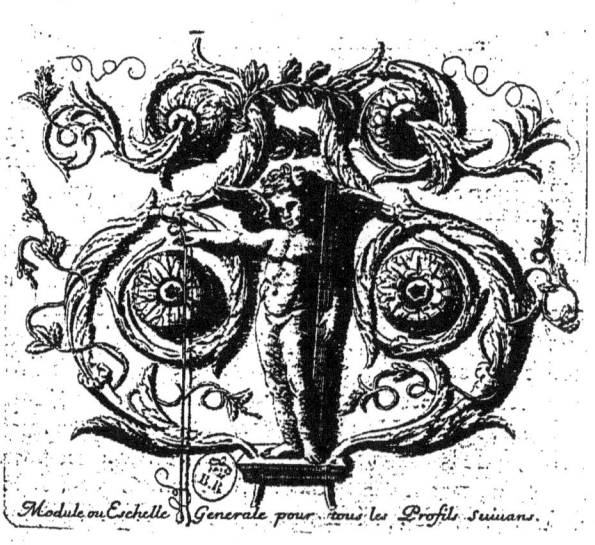

Module ou Eschelle Generale pour tous les Profils suiuans.

Quelques particularitez remarquables en ce profil tiré du théatre de Marcellus.

CHAPITRE III.

IE m'étonne, que de tous nos Architectes modernes, la plufpart defquels ont veu & parlé de cét exemple, comme du plus excellent modele Dorique que nous ayons de l'antiquité; neantmoins aucun n'a fuiui ny peut-eftre mefme bien remarqué en l'original le iufte compartiment des membres du chapiteau, ny la hauteur de la frize, que ie trouue icy notablement plus petite que celle qu'ils donnent à leurs deffeins; quoy que quelques-vns d'entre-eux (particulierement Vignole) ayent propofé le mefme profil pour regle de l'ordre, mais tellement alteré en tous fes membres, qu'il n'en refte pas vn feul entier. On le connoiftra facilement en les conferant enfemble, car tous les deffeins de ce recueil font aiuftez fur la mefme échelle. A l'égard du chapiteau ils affectent tous fans exception de le diuifer en trois parties, comme veut Vitruue en fon 4. liure, chapitre 3. pour en donner vne au gorgerin ou collier, l'autre au quart de rond auec fes anneaux, & la derniere au tailloir: mais ils auroient deu confiderer que le texte de cét Autheur, (outre qu'il eft bien fouuent fufpect, & lors principalement qu'il n'eft pas conforme à la pratique des anciens maiftres fes contemporains) de plus il n'eft pas encore iufte qu'il preuaille abfolument aux exemples tels que cetui-cy qui eft fans reproche: Et il euft efté plus raifonnable que ceux qui le donnent pour modele, euffent eu au moins la difcretion de n'y changer rien & le laiffer en fa proportion originale. Quant aux autres qui ont formé des deffeins à leur fantaifie, on ne peut pas les blafmer d'auoir fuiui le fentiment de Vitruue, & fe tenir dans les termes qu'il a prefcrits, quoy qu'ils euffent pû s'en difpenfer, & auec plus de raifon imiter l'antique, où cette regularité fi comptée ne fe trouue point. La couronne de la corniche eft auffi affez remarquable pour fa proietture extraordinaire, laquelle eft encore en quelque façon augmentée par le talut que l'Architecte a donné aux gouttes qui font l'ornement de la face du deffous, & qui tombent en battaifon fur les triglifes. Mais bien que ce trait d'Optique foit admirable en ce grand coloffe de baftiment, neantmoins il n'en faudroit pas vfer indifferemment par tout, car dans les lieux clos, où l'œil n'a pas fa diftance libre, comme au dedans des eglifes, cela feroit vn mauuais effect. C'eft pourquoy i'ay eftimé neceffaire d'apporter icy diuers exemples antiques fur chaque ordre, afin de donner moyen à ceux de la profeffion de s'en feruir iudicieufement, eu égard au lieu & à l'occafion.

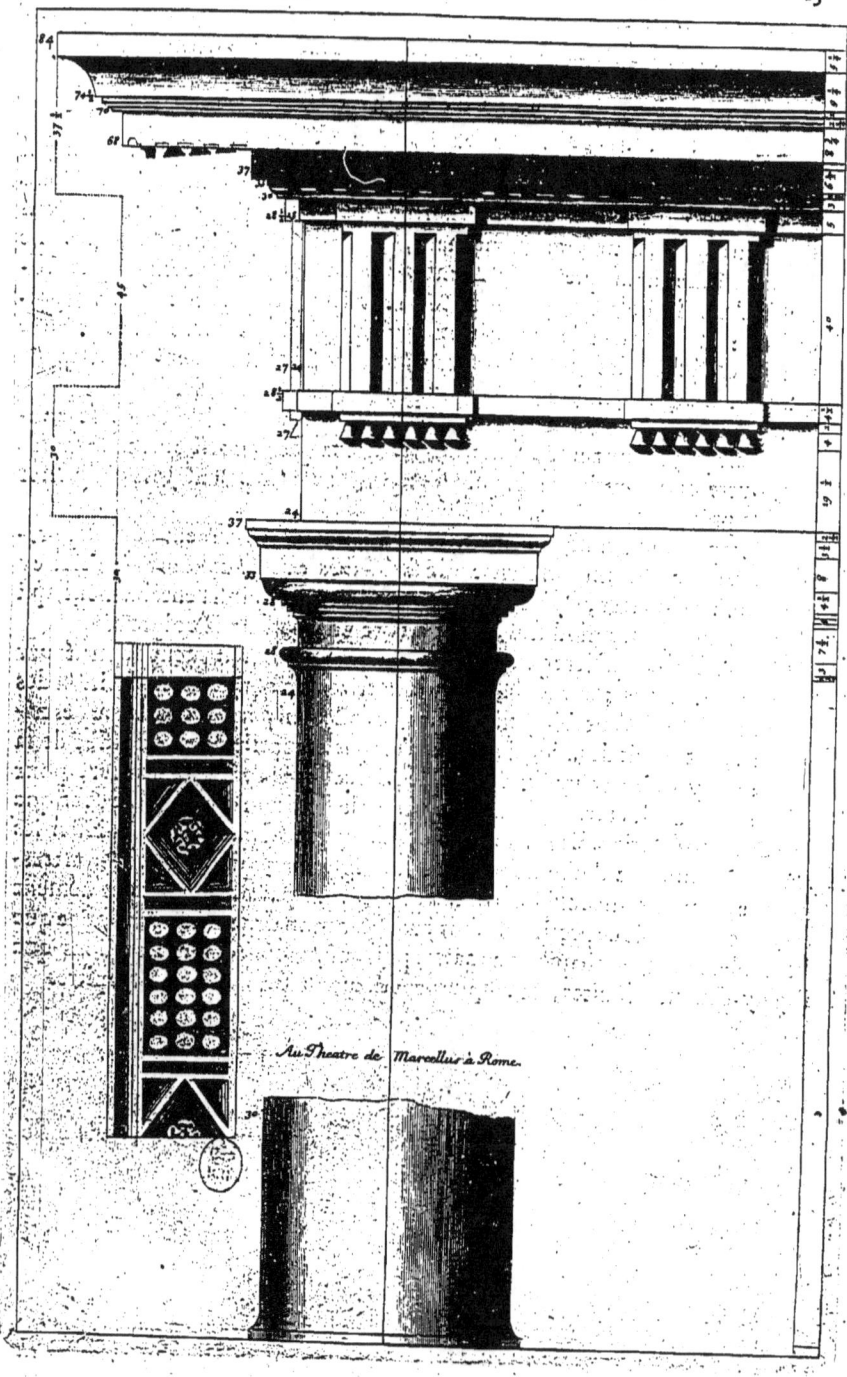

Au Theatre de Marcellus à Rome.

Autre profil tiré de quelques fragmens des Thermes de Diocletian à Rome.

CHAPITRE IV.

CE profil eſtoit vne des plus excellentes pieces d'Architecture qui fuſt dans les Thermes de Diocletian, & du meilleur gouſt, à ce que ie puis coniecturer par vn bon nombre d'autres eſquiſſes que i'en ay encore, leſquels ſont tous deſſeignez d'vne meſme main, fort nettement, & meſurez auec vne grande eſtude, dont quelques-vns me paroiſſent aſſez licentieux : mais ce profil eſt d'vne ſi noble compoſition, & ſi reguliere, qu'il ne cede en rien au precedent : & quoy que les proprietez ſpecifiques de cét ordre ſoient d'eſtre ſimple & ſolide, les ornemens neantmoins y ſont ſi iudicieuſement appliquez ſur chaque membre, qu'ils conſeruent l'vne ſans bleſſer l'autre.

Il peut ſuppleer aux occaſions où celuy du theatre de Marcellus ne conuiendroit pas, dautant que la proietture de ſa corniche eſt beaucoup moindre, outre que la curioſité de voir ſes mouleures attire l'œil à les conſiderer de plus prés.

Sa proportion generale n'eſt pas tout à fait conforme à celle de noſtre premier exemple, & leur difference me fait iuger que la colonne de celuy-cy auoit huit diametres, c'eſt à dire ſeize modules ; car ainſi l'entablement, qui a de hauteur quatre modules, vient à faire vn quart de la colonne.

Ce qu'il faut conſiderer en ce profil, comme vniuerſellement obſerué par tous les modernes pour la hauteur de la frize, c'eſt qu'en cette partition des trois membres de l'entablement, la plate-bande, qui porte le chapiteau des triglyphes, fait partie de la corniche, & n'eſt pas compriſe dans l'eſtenduë de la frize : quoy qu'en celuy du theatre de Marcellus ie l'y aye fait entrer, pour demeurer dans les termes de la regle generale de cét ordre, laquelle veut que la hauteur de la frize ſoit d'vn module & demy preciſément, afin d'adiuſter les interualles quarrez des metopes auec les triglyphes, qui eſt vne ſuietion tres-grande, mais tres-neceſſaire. Au reſte, ie ne veux pas aſſeurer determinément que la colonne de ce profil fuſt ſans baſe, car mon deſſein ne m'en donne que l'entablement & le chapiteau ; mais ie puis auſſi le croire pour les raiſons que i'ay cy-deuant déduites, & amplement demonſtrées au ſecond chapitre.

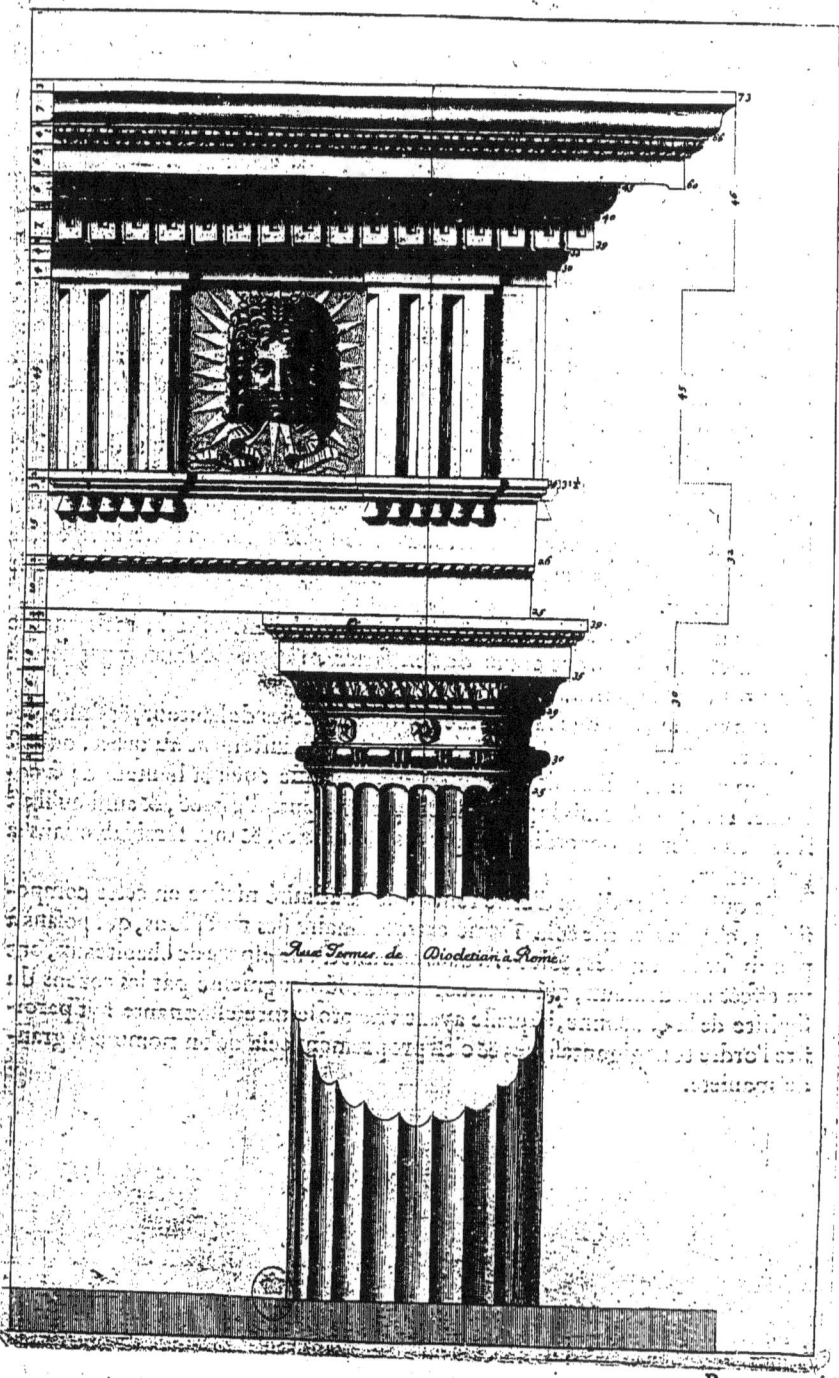

Aux Termes de Diocletian à Rome.

B

*Eleuation perspectiue d'vn autre profil tres-ancien, & d'vne grande maniere,
lequel se void à Albane prés de Rome.*

CHAPITRE V.

I'AY creu qu'il estoit auantageux, & mesme en quelque façon necessaire
pour faire voir la beauté & le grand effect de ce profil, d'en donner vne eleuation perspectiue, afin de montrer à l'œil, autant que l'art est capable de suppléer au veritable relief, comment il doit reüssir à l'execution.

Ce rare chef-d'œuure Dorique fut découuert à Albane, ioignant l'Eglise
de saincte Marie, parmy plusieurs autres vieux fragmens d'Architecture tres-
curieux, dont i'ay vn bon nombre de desseins fort soigneusement recherchez
dans leurs mesures, quoy qu'esquissez à la haste, & comme en passant, par le celebre Pyrro Ligorio.

Ce que i'estime particulierement en celui-cy est vne grandeur de maniere
maiestueuse & surprenante, laquelle est toute extraordinaire : & cela vient de
ce qu'il a peu de membres & qu'ils sont tous grands. I'en ay donné la raison
parlant de la difference des manieres au second chapitre. Au reste, la tige de la
colonne pose simplement sur vne marche qui luy sert de zocle, comme ie le
represente icy.

Or afin que ce dessein soit non seulement plaisant à l'œil, mais encore
vtile à ceux qui auront enuie de s'en seruir, i'ay voulu l'accompagner de
son profil auec les mesures.

De plus, i'auertis que la colonne a quinze modules de hauteur, & l'entablement trois & deux tiers, lesquels reuiennent assez iustement au quart, qui est
la proportion reguliere de l'entablement Dorique auec la hauteur de sa colonne. Ie n'ay point mis le profil du chapiteau, faute d'espace, & aussi qu'il est
fort peu different des ordinaires par ses mouleures, & tout semblable dans la
proportion.

Ce qui est plus digne d'estre remarqué & admiré mesme en cette composition, c'est la richesse & la forme extraordinaire des modillons, qui posans à
plomb sur les triglifes, & leur seruans comme d'vne espece de chapiteaux, ont
vn effect merueilleux, qui est encore beaucoup augmenté par les rozons du
sophite de la couronne, laquelle ayant vne proiecture estonnante fait paroistre l'ordre tout gigantesque ; & c'est proprement cela qu'on nomme la grande maniere.

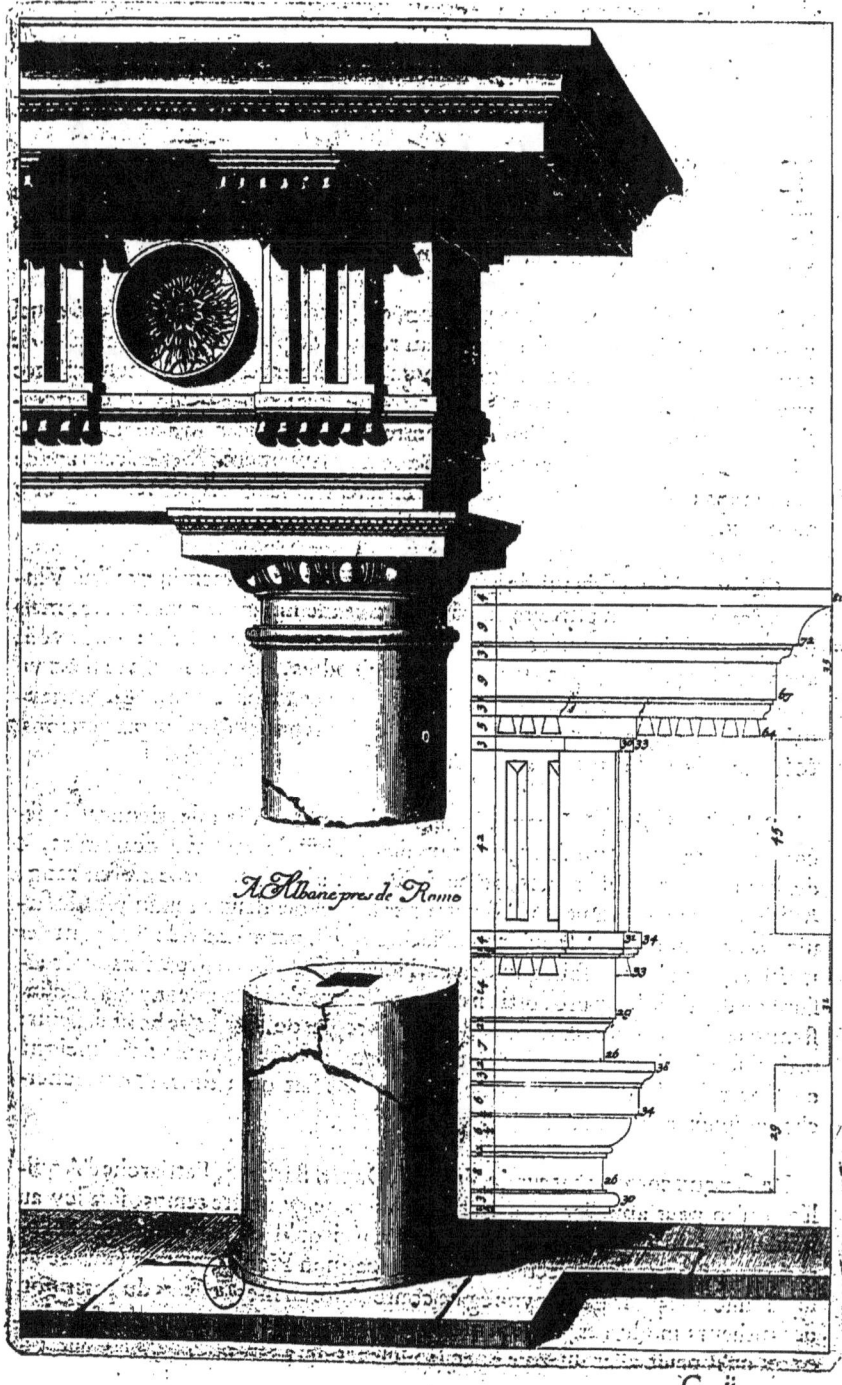

A. S. Albane pres de Rome

Iugement en general de tous les autheurs rapportez en ce recueil.

CHAPITRE VI.

POVR faire venir le lecteur auec quelque forte de preparation à l'examen particulier des deſſeins ſuiuans, ie vais luy donner icy vne connoiſſance generale des diuers talens d'eſprit que i'ay remarquez en chacun des maiſtres que nous allons voir en parangon l'vn de l'autre.

Le premier de tous, ſans conteſtation, eſt le celebre André Palladio, auquel nous auons l'obligation d'vn tres-beau recueil de plans & profils antiques de toute ſorte de baſtimens, deſſeignez d'vne maniere excellente, & meſurez auec vne diligence ſi exacte, qu'il n'y reſte rien à deſirer : outre qu'il a eu des occaſions tres-auantageuſes à Veniſe, & en tout le pays Vicentin d'où il eſtoit, de laiſſer des marques qui montrent bien que non ſeulement il a eſté ſectateur de ces grands maiſtres de l'antiquité, mais encore emule & competiteur de gloire auec eux.

Celuy qui le va ſuiuant de plus prés eſt encore vn Vicentin nommé Vincent Scamozzi, bien plus grand parleur, comme il paroiſt en ſon liure, mais beaucoup moindre ouurier & moins delicat au faict du deſſein : on le void aſſez par les profils qu'il a donnez des cinq ordres, dont la maniere tient vn peu du ſec, outre qu'il eſt fort meſquin & trite en ſes ornemens, & d'vn mauuais gouſt ; à cela prés neantmoins il eſt le plus regulier dans les proportions, & le plus digne de la parallele de Palladio.

Sebaſtien Serlio, & Iacques Barozzio ſurnommé Vignole, tiennent la ſeconde claſſe ; & quoy qu'ils ayent tous deux ſuiuy des chemins contraires, & des manieres tres-differentes, ie ne laiſſe pas de les placer ſur le meſme rang, & ſuis meſme aſſez empeſché à determiner lequel des deux a rendu plus de ſeruice au public : ſi ce n'eſt qu'on veüille dire que le premier a trauaillé pour les maiſtres, qui n'ont beſoin que de voir l'idée des choſes en gros, ſans auoir affaire du détail de leurs proportions ; & que l'autre s'eſt ſeulement propoſé d'inſtruire les ieunes gens, & de leur donner les regles de l'art, & de bons deſſeins : mais il ſeroit bien auantageux pour tous, que le liure de Serlio fuſt deſſeigné comme celuy de Vignole, ou que Vignole euſt fait des eſtudes & des recherches auſſi excellentes que Serlio.

Le fameux commentateur de Vitruue, Daniel Barbaro, Patriarche d'Aquilée, qu'on peut appeller auec iuſtice le Vitruue de noſtre temps, ſera icy au milieu de tous les maiſtres pour y preſider, puis qu'il eſt le truchement & l'oracle du pere des Architectes : & ſon compagnon Pierre Cataneo (que ie ne luy donne que pour garder vne égale conformité en mes deſſeins du parangon des autheurs modernes) ne ſera qu'vn petit clerc à la ſuite de ce grand Prelat, quoy qu'il peuſt aller du pair auec la pluſpart des autres.

Des quatre derniers, i'en eſtime vn ſingulierement, qui eſt Leon Baptiſte
Alberti, le plus ancien de tous les modernes, & peut-eſtre encore le plus ſça-
uant en l'art de baſtir, comme on peut iuger par vn excellent & aſſez ample volume qu'il en a fait, où il montre à fonds tout ce qu'il eſt neceſſaire de ſçauoir à
vn Architecte : mais pour l'égard des profils des ordres qu'il a reglez, ie m'é-
tonne de ſa negligence à les deſſeigner correctement, & auec plus d'art, puis
qu'il eſtoit peintre ; car cela euſt contribué notablement à la recommendation
& au merite de ſon ouurage. I'y ay ſupplee en ce recueil, & croy luy auoir rendu en cela vn tres-bon office, parce qu'on n'auroit peut-eſtre iamais penſé à le
ſuiure, n'y ayant aucune apparence, à voir des deſſeins ſi pauures que ceux de
ſon liure, d'eſperer qu'eſtans mis en œuure ils deuſſent faire vn ſi bon effect.

Au plus ancien i'ay voulu donner le plus moderne pour corriual, afin que
par leur rapport nous connoiſſions mieux ſi l'art continuë à s'aller perfection-
nant dauantage, ou s'il ne commence point deſia à décheoir. Ce dernier autheur nommé Viola eſt de la categorie de ceux que les Italiens appellent des
Cicalons, qui parlent ſans ceſſe & quaſi touſiours hors de propos. Cettui-cy s'e-
ſtant propoſé d'écrire des ordres & des proportions de l'Architecture, des regles de Perſpectiue, de quelques principes de Geometrie, & d'autres ſemblables
dépendances de ſon principal ſuiet ; le pauure homme s'eſt amuſé à conter des
fables, tellement qu'au lieu d'vn liure d'Architecture, il en a fait vn ſans y pen-
ſer de metamorphoſes. Il a cela de commun auec Leon Baptiſte Alberti, que ſes
deſſeins ſont auſſi mal ordonnez, & tres-mal executez ; il ſuit neantmoins vne
maniere plus elegante & aſſez conforme à celle de Palladio ; mais la methode
dont il ſe ſert en ſes partitions eſt ſi groſſiere & ſi mechanique, qu'il compte
tout par ſes doigts, & ſemble n'auoir iamais entendu parler ny d'Arithmeti-
que ny de chifres.

Des deux qui reſtent, on ne peut pas dire qu'ils ſoient moindres que tous
ceux qui les precedent, ny auſſi de meſme force que les premiers ; mais i'eſtime
qu'ils peuuent entrer en concurrence auec trois ou quatre. Ce ſont deux maiſtres de noſtre nation aſſez renommez par leurs ouurages & par leurs écrits,
Philibert de Lorme, & Iean Bullant, que ie n'entends point placer icy ſur le dernier rang comme inferieurs, mais ſeulement pour les ſeparer des Italiens, qui
ſont en bien plus grand nombre.

Palladio, & Scamozzi sur l'ordre Dorique.

CHAPITRE VII.

PASSONS maintenant à la demonstration oculaire du chapitre precedent, par la parallele des Architectes que i'y rapporte, dont ie vais examiner les desseins au parangon de nos trois profils antiques, afin que selon le plus ou le moins de conformité qu'ils auront à ces modeles originaux, on vienne à iuger de leur merite, & voir l'estime qu'on en doit faire. C'est par cette consideration que i'ay tiré, comme hors du pair des autres maistres, Palladio & Scamozzi, lesquels s'estant proposé l'imitation de l'Architecture antique, par l'estude de ces admirables monumens qui restent encore de la vieille Rome, ont suiuy vne maniere beaucoup plus noble &, des proportions plus elegantes, que ceux de l'échole de Vitruue.

Ce premier profil de Palladio a vn grand rapport à nostre second exemple antique, tiré des Thermes de Diocletian; car à la reserue des denticules, qu'il peut auoir retranchez auec raison, tout le reste de l'entablement est quasi semblable.

Il a eu encore la discretion, estant peut-estre obligé de suiure l'erreur commune qui veut vne base à la colonne de cét ordre icy de mesme qu'aux autres, d'auertir auparauant par vn exemple qui n'en a point, que les antiques la mettoient ainsi en œuure.

Il ne donne que quinze modules à la colonne sans base, & auec la base il la fait de seize, & va mesme quelquefois iusques à dix-sept; adioustant encore que si elle auoit vn piédestail, il luy en faudroit donner dix-sept & vn tiers. Toutes les autres mesures sont marquées si distinctement sur le profil, qu'elles n'ont aucun besoin d'estre expliquées.

Scamozzi donne tousiours reglément dix-sept modules à sa colonne, y accommodant aussi la mesme base que Palladio, mais neantmoins plus mal à propos, en ce qu'il s'est auisé d'orner les tores de ie ne sçay quelles feüilles delicates qui ne conuiennent aucunement à cét ordre, non plus que la canneleure Ionique, laquelle il employe encore icy abusiuement, au lieu de la naturelle Dorique. Son entablement, aussi bien que celuy de Palladio, est assez semblable à nostre second modele, auquel il a seulement adiousté vn petit cauet entre la couronne & le quart de rond, qui est peu de chose.

La composition de son profil prise en gros & toute simple paroist d'vne grande idée, mais il en faut reietter les ornemens.

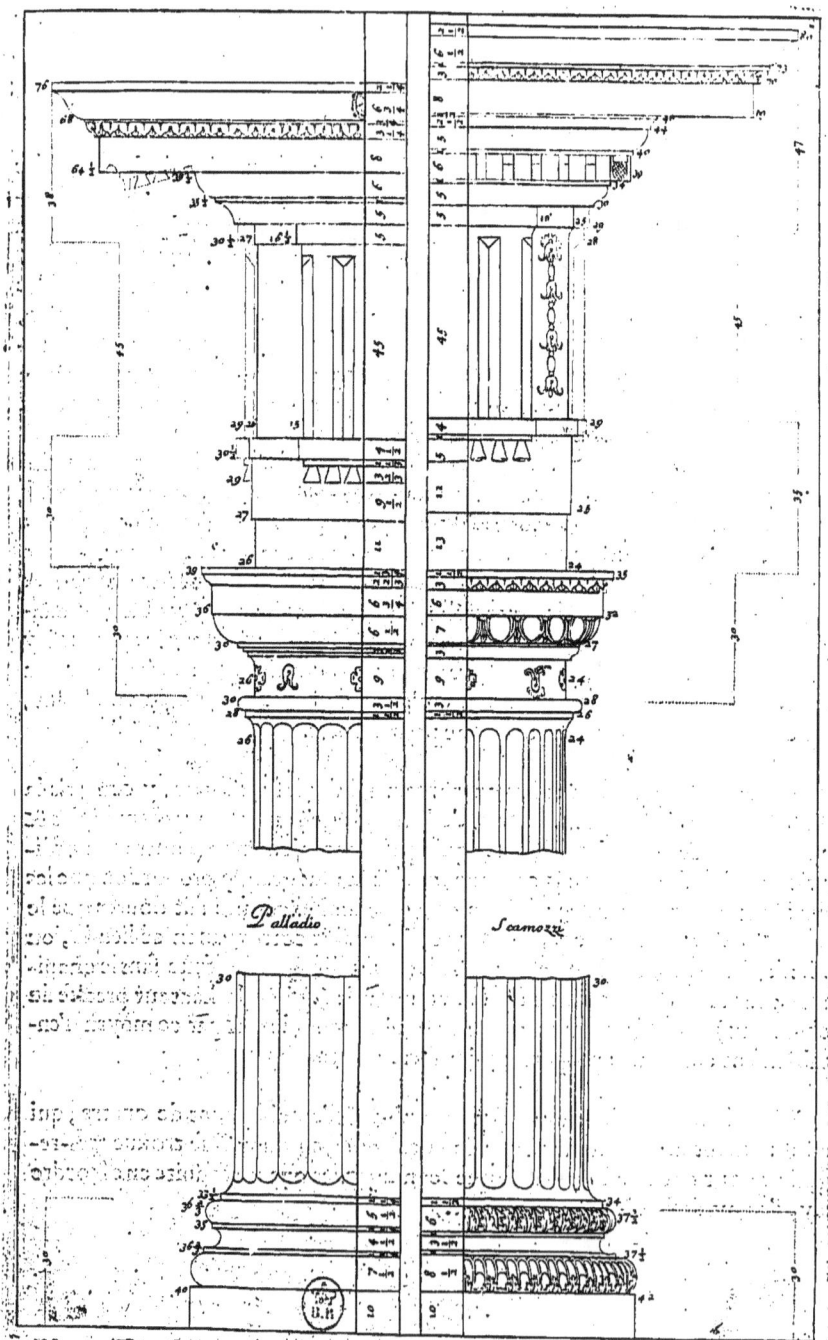

Palladio   *Scamozzi*

Serlio, & Vignole sur l'Ordre Dorique.

CHAPITRE VIII.

CES deux maistres ont beaucoup d'obligation à leurs Traducteurs qui les ont produits aux Tramontains, & particulierement à nos ouuriers Fran-çois qui les tiennent en vne tres-haute estime ; car quoy qu'en effect ils en soient dignes, neantmoins estans comparez aux deux precedens, ils ne sont pas en leur lustre, & les suiuent mesme d'assez loin. Le lecteur en pourra faire le discernement par le parangon des vns & des autres aux originaux antiques, que ie leur ay mis en teste, comme le fanal & la boussole de la vraye Archite-cture. Mais il ne seroit pas iuste de tenir en cét examen la mesme rigueur à Serlio qu'à son compagnon, parce que s'estant proposé de suiure Vitruue, qui est vn autheur celebre & tres-venerable aux Architectes, il s'en est loüable-ment acquitté ; au lieu que Vignole qui auoit pris vn autre chemin, à la verité plus noble, & le mesme que ie tiens icy, ne s'y est pas sceu conduire sans se fouruoyer. Le profil Dorique qu'il nous donne est tiré du premier ordre du theatre de Marcellus, le plus digne exemple de cette espece qui se rencontre parmy les antiquitez de Rome, duquel i'ay fait choix aussi pour estre le premier modele de ce recueil : auec cette difference neantmoins que i'ay obserué preci-sément toutes les mesures & les sacomes de l'original, qui dans cét autheur icy se trouuent bien alterées, particulierement à la corniche & au chapiteau. La confrontation des deux desseins en esclaircira plus le lecteur en vn instant, que ie ne ferois par le discours d'vne page entiere.

Serlio donne seulement icy quatorze modules à sa colonne, y compris la base & le chapiteau ; & la hauteur de l'entablement monte à trois modules & vn peu plus de deux tiers : de sorte qu'il passe notablement & contre son ordi-naire au delà du quart de la colonne, qui est la plus grande proportion que les antiques ayent pratiquée ; si bien que ce grand excés me fait douter que le texte de Vitruue, sur lequel il s'est reglé, ne soit corrompu en ce lieu-là, ou bien qu'en parlant de la colonne il n'ait voulu dire que son fuste sans le chapi-teau ; car ainsi en adioustant encore vn module (qui est la hauteur precise du chapiteau) toute la colonne seroit de quinze modules, & par ce moyen l'en-tablement auroit vne proportion conforme aux antiques.

Vignole fait sa colonne de seize modules, & l'entablement de quatre, qui est iustement la quatriéme partie de la colonne, en quoy il se trouue tres-re-gulier. Pour ce qui est de la base que les modernes ont introduite en cét ordre icy, i'en ay desia dit mon sentiment.

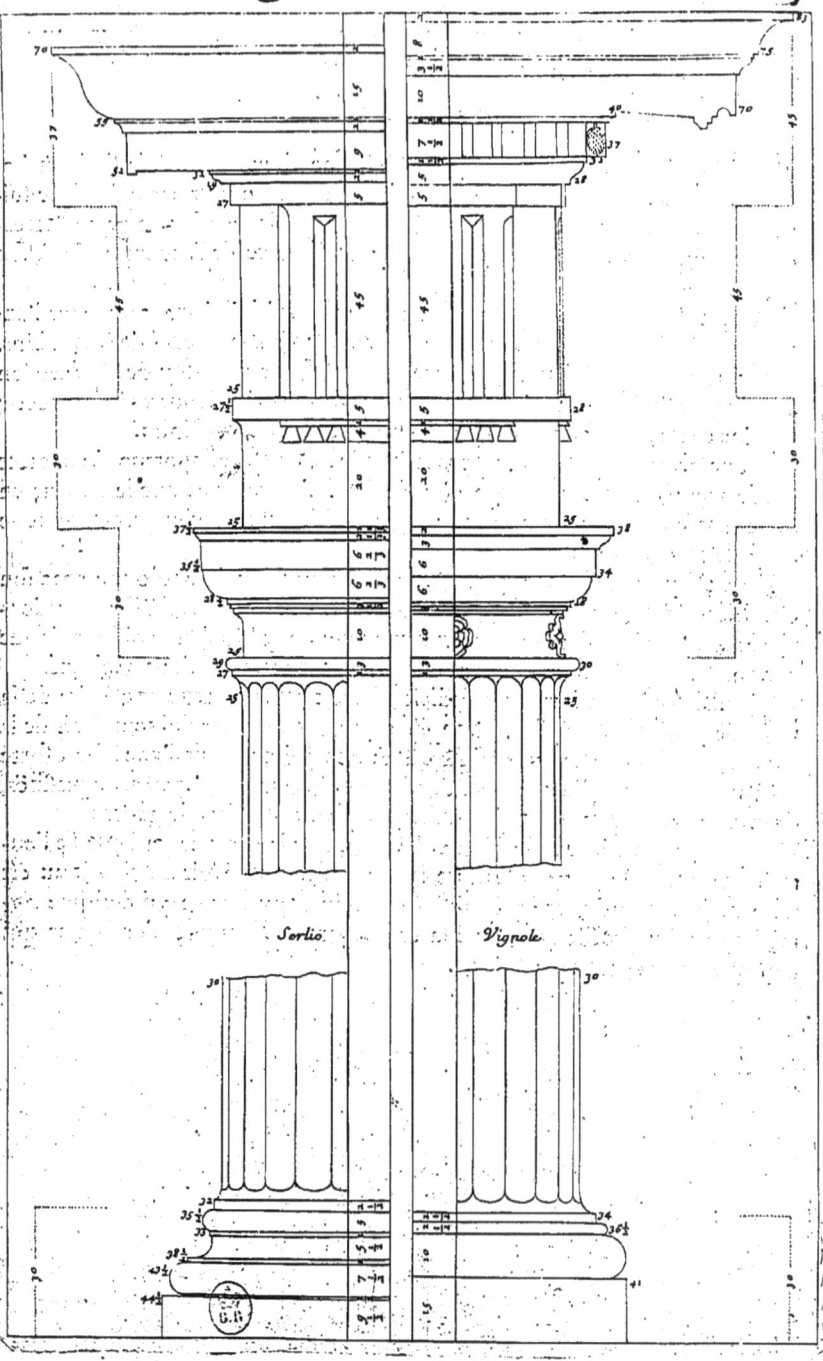

Serlio   Vignole

Daniel Barbaro , & Pierre Cataneo sur l'ordre Dorique.

CHAPITRE IX.

C'E s t icy la vraye échole du Pere Vitruue, dont le nom & la seule autho-rité porte vne tres-grande recommendation. Ce n'est pas qu'il faille sui-ure indifferemment tous ceux qui pretendent auoir entendu ce graue & tres-difficile autheur, car chacun le tire à soy, & s'efforce de l'accommoder à son genie.

Le meilleur de tous, sans exception, a esté Daniel Barbaro, tant pour l'ex-cellence de ses commentaires, que pour la iustesse & la netteté de ses desseins. On peut mesme voir par la parallele de son profil auec celuy de Cataneo son adioint, de Serlio en la feüille precedente, & de quelques autres suiuans cette mesme classe, qu'il est icy comme vn maistre entre ses disciples.

Ce ne seroit qu'vn amusement tres-inutile, & mesme importun de quotter par le menu chaque difference d'vn dessein à l'autre, veu que le lecteur en peut plus voir d'vne seule œillade, que ie n'en sçaurois compter en tout le reste de cette page.

I'auertiray seulement en general, que la proportion de la colonne auec son entablement est icy la mesme que Serlio nous a donnée en la feüille preceden-te, sans qu'il soit besoin de repeter dauantage ce qu'il m'en semble, puis que mon obseruation est sur Vitruue, & non contre ceux qui l'ont expliqué.

Daniel Barbaro a introduit iudicieusement en la metope angulaire de la frize vn bouclier, pour faire connoistre que les ornemens doiuent tenir de la nature des ordres où on les applique, & que cettui-cy estant d'vne espece forte & martiale on peut l'enrichir aux occasions de trophées d'armes, de massuës, de carquois de fléches, & d'autres semblables instrumens de guerre.

Ie trouue à redire au dessein de Cataneo, que la doucine du haut de l'en-tablement est vn peu grande; que la proiecture du tailloir du chapiteau est trop petite, & rend tout le chapiteau mesquin & camus; ce qui défigure no-tablement son profil; outre que la base a par excés au tore d'embas ce qui manque au chapiteau par le haut.

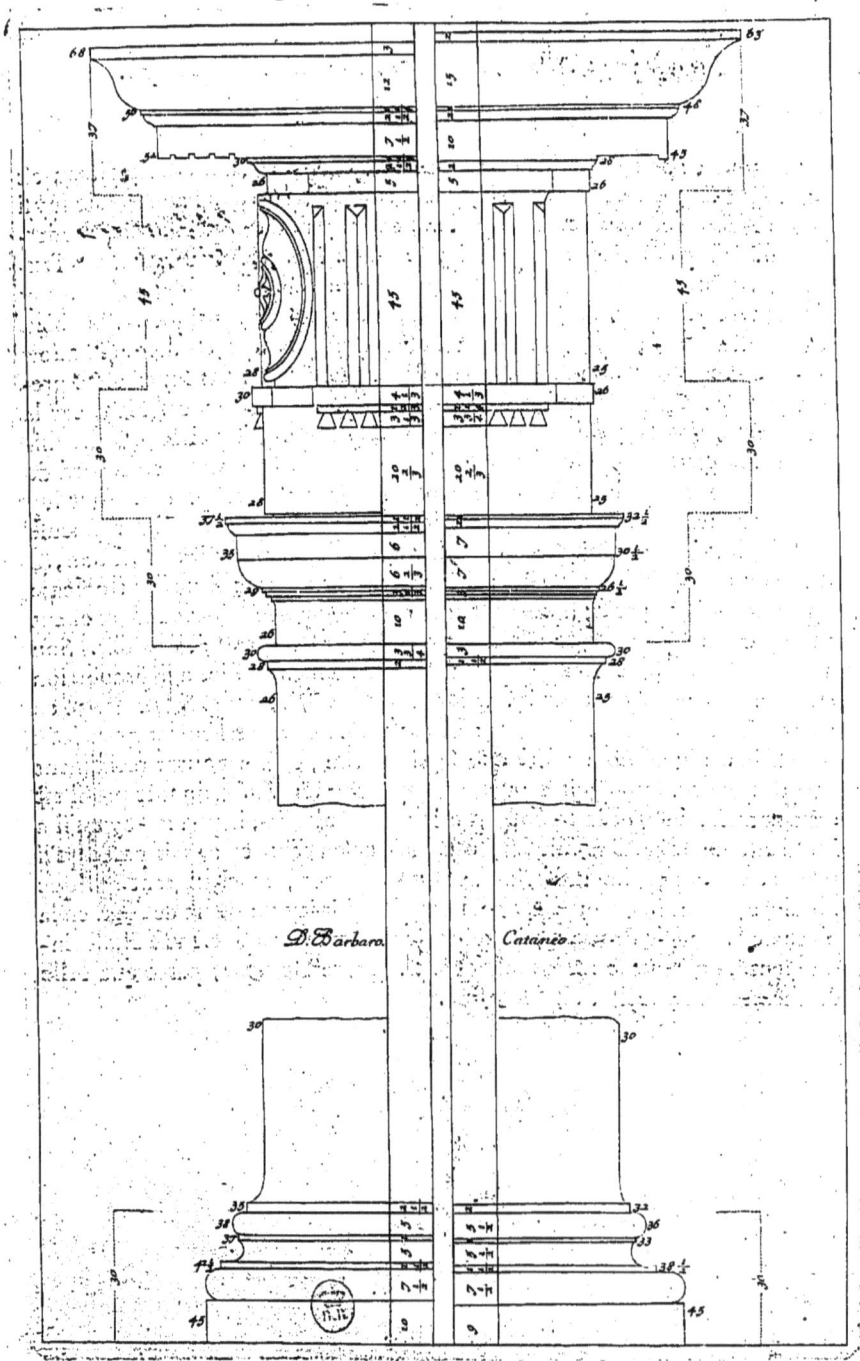

D. Barbaro.

Cataneo.

Leon Baptiste Alberti, & Ioseph Viola sur l'ordre Dorique.

CHAPITRE X.

Avoir ce premier deſſein de Leon Baptiſte Alberti, dont le chapiteau eſt tout Gothique, on aura ſuiet de s'eſtonner pourquoy i'ay parlé de luy ſi auantageuſement en l'examen general que i'ay fait des Architectes moder-nes, où ie luy donne vne des premieres places : & en verité ie ne ſçaurois l'ex-cuſer icy de ce mauuais gouſt, & de cette compoſition ſi diſgraciée, quoy qu'il pretende l'auoir veuë & priſe en quelques fragmens antiques. Mais bien qu'il ſoit vray, (car il s'en rencontre aſſez de mauuais) il en doit auſſi auoir veu d'autres plus raiſonnables. Ce qu'il y a de faſcheux pour luy en cette pre-miere production, eſt, qu'il importe beaucoup de commencer bien, car la premiere impreſſion demeure long-temps, & fait conſequence pour les ſui-uantes: neantmoins quoy qu'il en ſoit, il faut touſiours demeurer d'accord de la verité, & iuger des choſes bonnement & ſans preoccupation. Pour luy faire donc iuſtice en tout, aprés auoir condamné cette partie ſi defectueuſe en ſon profil, on ne doit pas pour cela reietter le reſte, car il eſt fort bon, & d'vne grande & noble maniere : il a meſme du rapport à noſtre troiſiéme exemple antique par ſes modillons, dont la ſaillie porte vn grand effect eſtant mis en œuure, comme on peut voir par le perſpectif que i'en ay fait. Son architraue & la friſe ſont reguliers; & l'entablement entier a ſa proportion exacte auec la colonne; car il a quatre modules de hauteur, & la colonne en a ſeize. Les modenatures de la baſe ſont auſſi fort belles; tellement qu'en tout le deſſein il n'y a rien à redire que le chapiteau, qu'on pourra facilement ſuppléer, y accommodant celuy de ſon compagnon Viola, dont le profil eſt aſſez correct, & quaſi le meſme que celuy de Palladio, lequel ie voy qu'il a imité en tous les ordres ſuiuans, auſſi bien qu'en celuy-cy : mais parce qu'il taſche de déguiſer ſon imitation autant qu'il peut, en changeant quelque moulure, ou mutilant quelque membre, il a fait icy vn quart de rond en la place de la gueule droite ou doucine de la corniche; qui eſt vne choſe in-differente, ou pour le moins tolerable en l'ordre Dorique, parce que celle du theatre de Marcellus eſt de meſme.

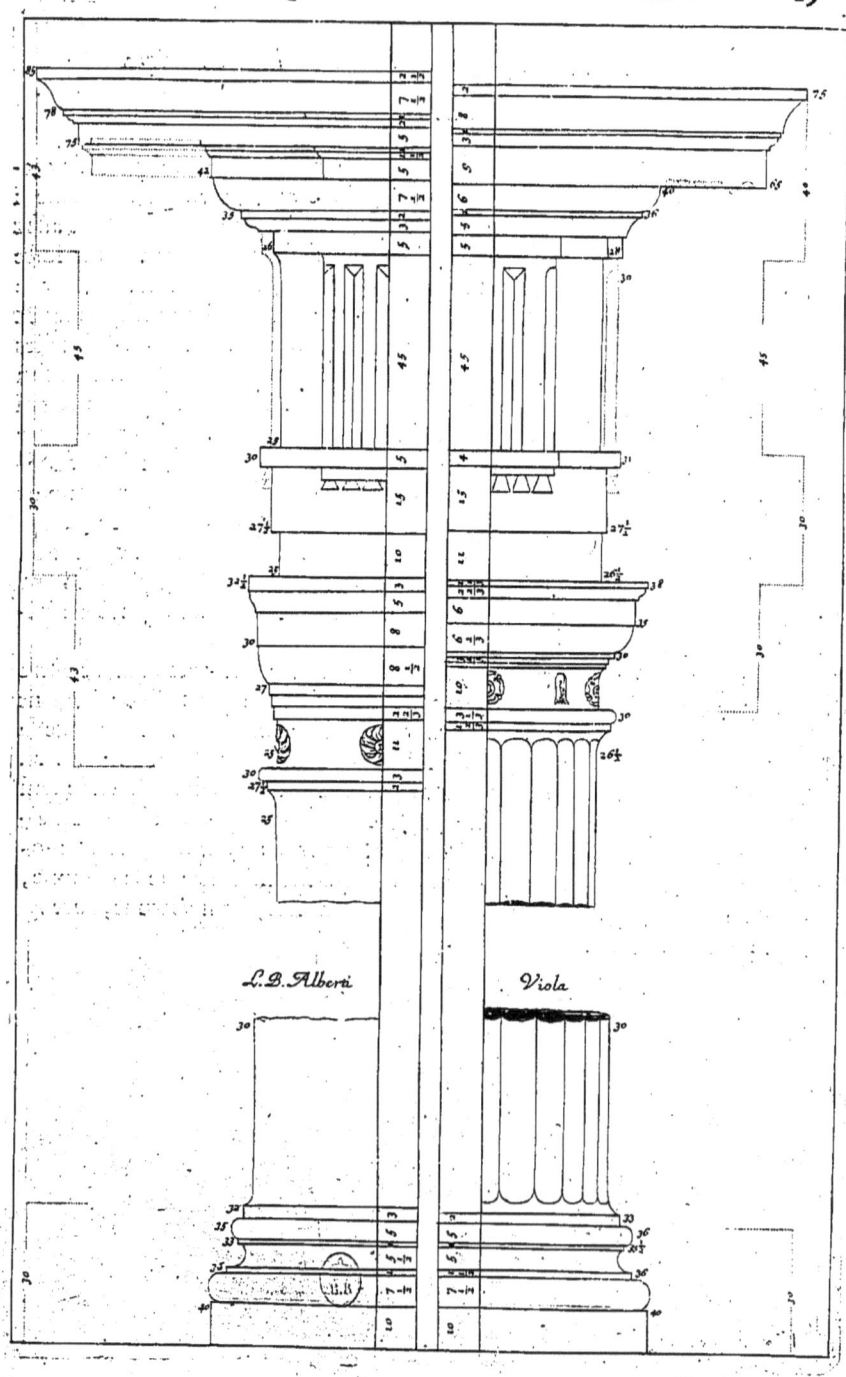

L. B. Alberti

Viola

Iean Bullant, & Philibert de Lorme fur l'ordre Dorique.

CHAPITRE XI.

CE n'a pas esté sans quelque peine que i'ay reduit le second profil de cette feüille aux termes qu'il est icy, Philibert de Lorme l'ayant esquissé si à la legere, & en si petit volume (quoy que celuy de son liure soit assez grand) qu'il n'eust pas esté possible de donner à aucun des membres sa iuste mesure sans l'aide du texte, dont il a fait trois amples chapitres, où, par le moyen d'vn meilleur dessein, il auroit pû espargner beaucoup de paroles & de lettres de renuoy embarassées & confuses parmy son discours, desquelles il s'est seruy pour exprimer le détail des proportions de chaque partie de son profil : ce qui fait iuger que le bon homme n'estoit pas desseignateur, qui est vn defaut assez ordinaire à ceux de sa condition. Mais cela n'a rien à faire presentement à nostre suiet, où il n'est question que d'examiner si l'ordre Dorique qu'il propose, a quelque conformité auec les antiques, ou pour le moins aux preceptes de Vitruue ; ce qu'on peut voir par la parallele de son compagnon Iean Bullant, qui a suiuy cét ancien autheur fort ponctuellement en ce profil, quoy qu'il en rapporte encore d'autres tirez de l'antique, où ie ne l'ay pas trouué si iuste ny si exact qu'il m'a semblé en l'intelligence de Vitruue.

Ie ne veux point m'arrester icy à particulariser la difference qui est entre ces deux Architectes, de peur de tomber moy-mesme dans l'inconuenient dont ie viens presentement de reprendre Philibert de Lorme ; & aussi que la iustesse de mes desseins n'a pas besoin d'éclaircissement ny d'aucun discours. L'adiousteray neantmoins encore pour l'égard de Iean Bullant, qu'il est le seul des sectateurs de Vitruue, qui soit demeuré dans les termes reguliers du maistre, touchant la hauteur de l'entablement, auquel il ne donne que trois modules & demy, lesquels font precisément la quatriéme partie de la colonne, laquelle ne doit auoir de hauteur que sept diametres, selon Vitruue, liure 4. chap. 1. qui font quatorze modules.

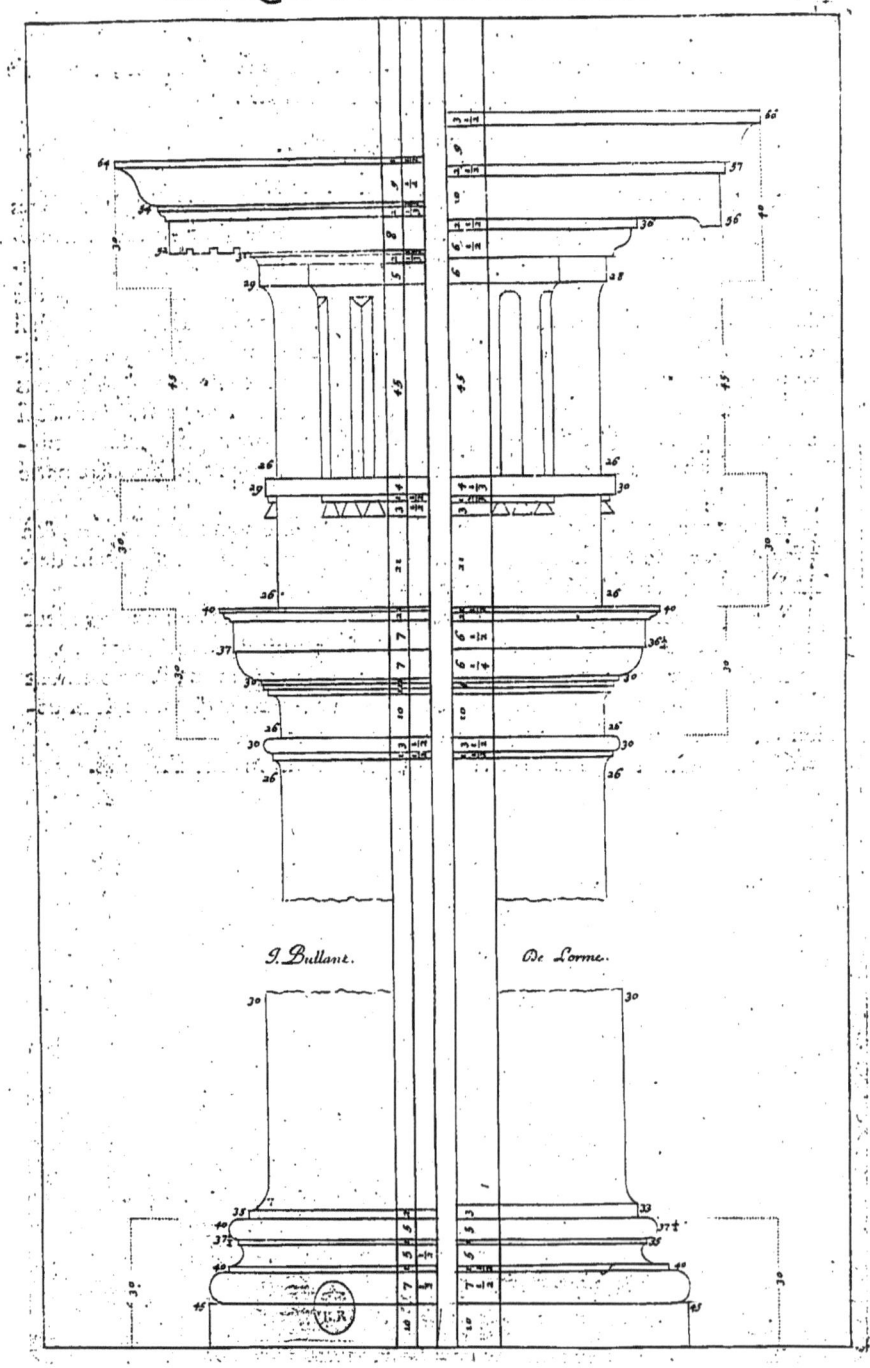

J. Bullant.

De Lorme.

Sepulture tres-antique, laquelle ſe void aux enuirons de Terracine, à coſté du grand chemin tirant vers Naples.

CHAPITRE XII.

A Terracine ſur les confins de l'Eſtat Eccleſiaſtique, on void des veſtiges aſſez entiers de ce petit mauſolée, ioignant le chemin d'Appius, où le diligent obſeruateur de tous ces vieux monumens, Pirro Ligorio, l'ayant découuert, & pour ainſi dire deterré (car il eſtoit preſque tout enſeuely parmy des halliers en vn lieu inculte, comme il a écrit luy-meſme au bas du deſſein qu'il en a fait) il en prit le plan fort exactement, & en profila l'éleuation, ſur laquelle ie me ſuis reglé pour reduire cette Ichnographie en la forme que vous la voyez. I'ay eſté bien aiſe de rencontrer encore vn exemple ſi exprés & ſi conuainquant contre l'abus des modernes, qui ont fort inconſiderément introduit des baſes aux colonnes de cét ordre icy, dequoy i'ay deſia aſſez parlé cy-deuant.

Les quatre faces de cét edifice patoiſſent auoir eſté toutes ſemblables; & à celle qui regarde vers le couchant, il y auoit quelque ſorte d'inſcription deſſus l'architraue, mais il n'en reſte plus rien de liſible.

La maçonnerie eſt de grands carreaux de brique, & les colonnes auec leur entablement ſont de teuertin : la pyramide eſtoit auſſi de la meſme pierre.

Le diametre des colonnes eſt approchant de deux palmes, l'entablement fait vn cinquiéme de l'ordre entier, c'eſt à dire vne quatriéme partie de la colonne, laquelle n'auoit que ſept diametres de hauteur.

Cette ſepulture ſemble auſſi vieille que le chemin meſme d'Appius.

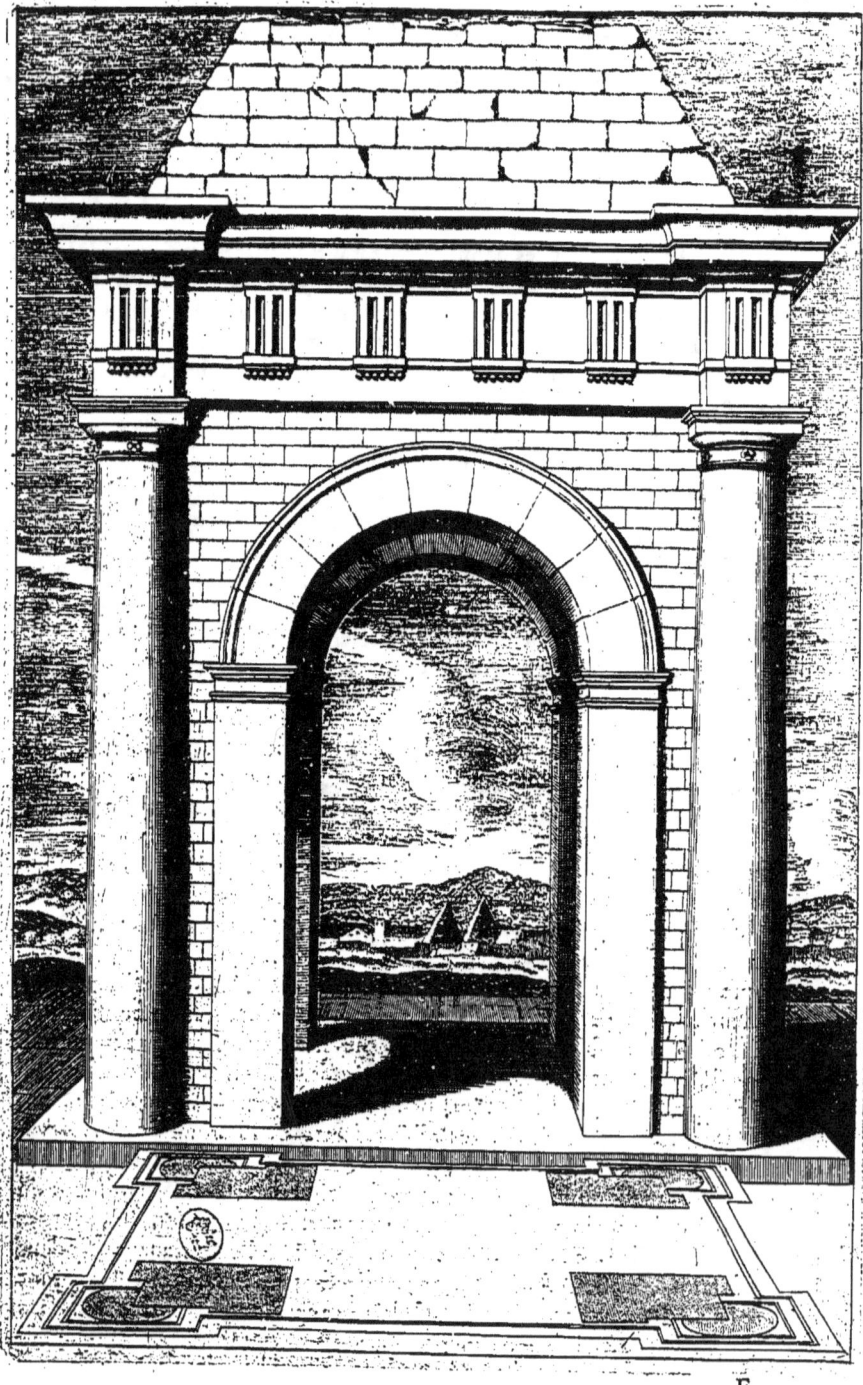

E

DE L'ORDRE IONIQVE.
CHAPITRE XIII.

LES premieres productions des arts ont touſiours eſté fort rares, parce qu'il eſt difficile d'inuenter ; mais il n'en va pas de meſme de l'imitation. Depuis qu'on eut veu des baſtimens reguliers, & ces fameux temples à la Dorique, dont Vitruue & quelques autres ont fait mention, l'Architecture ne demeura pas long-temps en enfance : la concurrence & l'emulation des peuples voiſins la fit bien toſt croiſtre & arriuer à ſa perfection. Les Ioniens furent les premiers competiteurs des Doriens en ce diuin art , qui ſembloit eſtre venu des dieux meſmes, pour donner aux hommes plus de moyen de les honorer : & comme ceux-cy n'auoient pas eu l'auantage ny la gloire de ſon inuention, ils taſcherent d'encherir deſſus les autheurs. Conſiderant donc que la figure du corps de l'homme, ſur laquelle on auoit formé l'ordre Dorique, eſtoit d'vne taille trop robuſte & trop maſſiue pour conuenir aux maiſons ſacrées, & à la repreſentation des choſes celeſtes, ils en voulurent compoſer vn à leur mode, & choiſirent vn modele d'vne proportion plus elegante, ayant plus d'égard à la beauté qu'à la ſolidité de l'ouurage : ce qui donna lieu de le nommer l'ordre feminin, parce qu'il degeneroit dans la molleſſe. Et de vray bien toſt aprés ont veid naiſtre l'ordre Caryatide, qui fut vn tres-grand outrage à ce pauure ſexe, & vne honte à l'Architecture, d'auoir ſi déraiſonnablement employé vne choſe foible & delicate à faire vn office où la force & la dureté eſtoient entierement neceſſaires. Vitruue & pluſieurs modernes aprés luy content l'origine de cét ordre, & diſent que les habitans d'vne ville du Peloponeſe nommée Carya, ayant fait ligue auec les Perſes contre les Grecs leur propre nation , aprés la déroute des Perſans furent enſuite aſſiegez par les vainqueurs, & ſaccagez ſi cruellement, que tous les hommes ayant paſſé au fil de l'épée, la ville reduite en cendres, & les femmes emmenées eſclaues, leur vengeance n'eſtant pas encore eſteinte, ils voulurent eterniſer leur reſſentiment en faiſant baſtir des edifices publics, où pour marque de la ſeruitude de ces captiues ils y inſculperent leurs images au lieu de colonnes, comme pour les accabler auſſi ſous le faix de la punition qu'elles auoient meritée par la felonie de leurs maris, & en laiſſer vne memoire eternelle aux-ſiecles ſuiuans. C'eſt l'exemple que Vitruue a pris, pour nous prouuer qu'il eſt neceſſaire à vn Architecte de ſçauoir l'hiſtoire, afin qu'il n'aille rien introduire mal à propos dans ſes ouurages. L'ordre Gothique, qui eſt l'ineptie & comme le ſinge de l'Architecture, à l'imitation des Caryatides a compoſé de certains mutules figurez ſeruans de conſoles, ſouſtenus par ie ne ſçay quelles chimeres & marmouſets ridicules, qu'on rencontre en tous les coins des vieilles Egliſes de cette eſpece. Mais quelques modernes ayant trouué à redire, & auéc raiſon, qu'on veiſt de telles extrauagances dans les lieux ſaints, où le reſpect & la modeſtie ſont ſi neceſſaires ; & iugeant qu'il valoit mieux y accommoder quelques repreſentations deuotes, ſans auoir égard aux regles de leur meſtier, ou pluſtoſt n'entendant pas la proprieté

des ordres de l'Architecture, fe font auifez de mettre en forme de Caryatides des figures d'anges & d'autres fainćts, leur faifant porter comme à des
efclaues de groffes corniches, & des autels tous entiers ; témoignant par là
qu'ils n'ont pas bien raifonné fur le difcours de Vitruue au fuiet de l'origine des
Caryatides ; car ils euffent reconnu que cét ordre ne peut pas entrer indifferemment en toutes fortes de baftimens, & qu'il demande vne grande difcretion
pour eftre placé auec conuenance : fur tout il ne doit point auoir lieu dans les
Eglifes, qui font les maifons de Dieu, & des afyles de mifericorde, où la feruitu-
de & la vengeance ne doiuent iamais paroiftre. Ils auroient mieux fait de n'employer que l'ordre Ionique regulier, lequel nous allons décrire conformément à
vn excellent exemple antique tiré du temple de la Fortune virile, à prefent l'Egli-
fe de fainćte Marie Egyptienne à Rome, le profil duquel s'eft heureufement rencontré parmy quelques feüilles que i'ay du grand antiquaire Pyrro Ligorio, dont
les manufcrits & les deffeins font gardez comme vn tres-rare trefor dedans la bibliotheque du Duc de Sauoye ; ce qui m'a donné moyen de verifier beaucoup
de mefures qu'on ne fçauroit quafi prendre maintenant, & de redonner à la
corniche fes ornemens propres, qui font fi gaftez de la vieilleffe, qu'il eft ex-
trémément difficile de les difcerner. C'eft donc le modele que ie fuiuray, & qui
feruira icy de regle pour cét ordre, l'ayant preferé auec confeil, & pour diuerfes
raifons, à celuy qui eft au theatre de Marcellus, d'où i'ay tiré mon Dorique : lequel neantmoins ie propoferay encore en fuite, afin d'en laiffer le choix aux autres qui ne feront pas de mon opinion. Mais auant qu'entrer dans le détail de
fes proportions, ie veux pour la recommandation de cét ordre, & pour la curiofité du lećteur, rapporter icy les noms de quelques temples celebres baftis
par le peuple d'Ionie, dont l'ancienneté eft pour le moins de deux mille années.
Le plus memorable, quoy qu'il ne foit pas le plus ancien, eft ce fameux temple
de Diane, conftruit felon l'opinion de quelques-vns par les Amazones en Ephefe. Ce fut vn ouurage d'vne grandeur fi prodigieufe, qu'on mit plus de deux
cens ans à l'acheuer ; & il fallut que toute l'Afie contribuaft à cette dépenfe ine-
ftimable. Vitruue au 3. liure chap. 1. dit que fa figure eftoit dipteryque, c'eft
à dire qu'il regnoit tout à l'entour deux rangs de colonnes en forme d'vn double portique : fa longueur eftoit de quatre cens vingt-cinq pieds fur deux cens
vingt : toutes les colonnes eftoient de marbre, & auoient 70. pieds de hauteur.
L'Architećte de ce fuperbe edifice, felon le mefme Vitruue, fut vn nommé Cte-
fiphon, dont il parle encore au 10. liure, où il rapporte vne excellente ma-
chine qu'il inuenta pour tranfporter les colonnes de ce temple, lefquelles eftant
d'vne longueur fi prodigieufe, que toutes les forces ordinaires eftoient impuif-
fantes à les enleuer de leur carriere & les amener, fuffent reftées inutiles, fi ce
bel efprit n'euft découuert des forces artificielles, pour fuppleer au defaut des
autres. Cét edifice eft compté pour vne des fept merueilles du monde. En la
mefme ville d'Ephefe il y eut encore plufieurs temples de cét ordre, deux defquels (l'vn à Apollon, & l'autre à Bacchus) font remarquez principalement
comme ayant efté en quelque façon comparables à ce premier, s'ils euffent eu
leur derniere main ; mais ils demeurerent imparfaits à caufe des guerres contre
les Perfes, qui furent enfin la ruine entiere de ce peuple : car le Roy Cyrus
ayant fubiugué l'Afie, il rauagea tout ce pays, faccagea les villes, renuerfa

les temples, & fit par tout vne deuastation si barbare, qu'il ne resta quasi rien d'v-
ne infinité de monumens admirables que cette noble nation auoit dressez dans
toute la Grece. Il épargna neantmoins celuy de Diane Ephesienne, dont la beauté estonnante seruit de barriere à la furie de ce conquerant. Dans Athenes, vne
des plus fleurissantes villes du monde, il y eut aussi de ce mesme ordre Ionique
vn tres-grand nombre de temples ; entre lesquels celuy d'Apollon Delien, & de
son fils Esculape estoient celebres. On voit encore à present au mesme lieu de
certains vestiges reduits en forme de citadelle, qu'on dit auoir autresfois esté le
temple de la Deesse Iunon Attique. I'en pourrois nommer plusieurs semblables,
dont les antiquaires que i'ay citez, disent des merueilles, mais en termes gene-
raux & sans aucun fruit pour les studieux de l'art, qui auroient plustost besoin
de quelques remarques essentielles & instructiues : C'est pourquoy ie vais mé-
nager le reste de ce discours à décrire la composition & les parties de cét ordre
selon le profil que i'ay choisi pour modele, & qui est precisément tiré de l'antique.

*Profil Ionique tiré du temple de la Fortune virile à Rome, qui est maintenant
l'Eglise de saincte Marie Egyptienne.*

CHAPITRE XIV.

SVIVANT l'opinion du trois fois grand antiquaire, peintre, & architecte
Pyrro Ligorio, dont i'ay desia cy-deuant parlé, & duquel i'ay emprunté ce
profil, ie puis bien le proposer comme vn des plus reguliers exemples de l'ordre
Ionique qui soit resté de l'Architecture antique ; ioint aussi que Palladio le rapporte en son 4. liure chapitre 13. où il est le seul de cét ordre là qu'il ait inseré en
tout le recueil de ses estudes : tellement que ces deux grands maistres appuyans
le choix & le iugement que i'en ay fait, on ne sçauroit pas douter que ce ne soit
vn chef-d'œuure d'vne haute perfection. Ie vais donc en faire la description
generale, deduisant en gros les principaux membres & leurs proportions, sans
m'arrester au menu détail des mesures de chaque partie, à quoy le dessein doit
suppléer.

L'ordre entier, depuis le rez de chaussée iusqu'à la corniche, a onze diametres
de colonne, qui font vingt & deux modules.

La colonne auec la base & le chapiteau a dix-huict modules.

L'entablement, c'est à dire l'architraue, frize & corniche, a quatre modules,
moins quatre minutes, lesquelles ne font nullement considerables sur le total :
& cette hauteur faisant deux neufiémes de la colonne, vient à produire vne
moyenne proportionnelle entre celle de l'ordre Dorique cy-deuant décrit,
dont l'entablement se fait d'vn quart ; & du Corinthien, que nous verrons cy-
aprés, auquel les modernes donnent ordinairement vne cinquiéme partie.

La volute du chapiteau est en ouale, & a vn tres-bon effect : neantmoins aucun de nos Architectes ne l'a imitée : mais la raison est à mon auis qu'elle est difficile à contourner auec grace, & qu'ils ont accoustumé de faire tout à la regle
& au compas, lesquels sont icy presque inutiles.

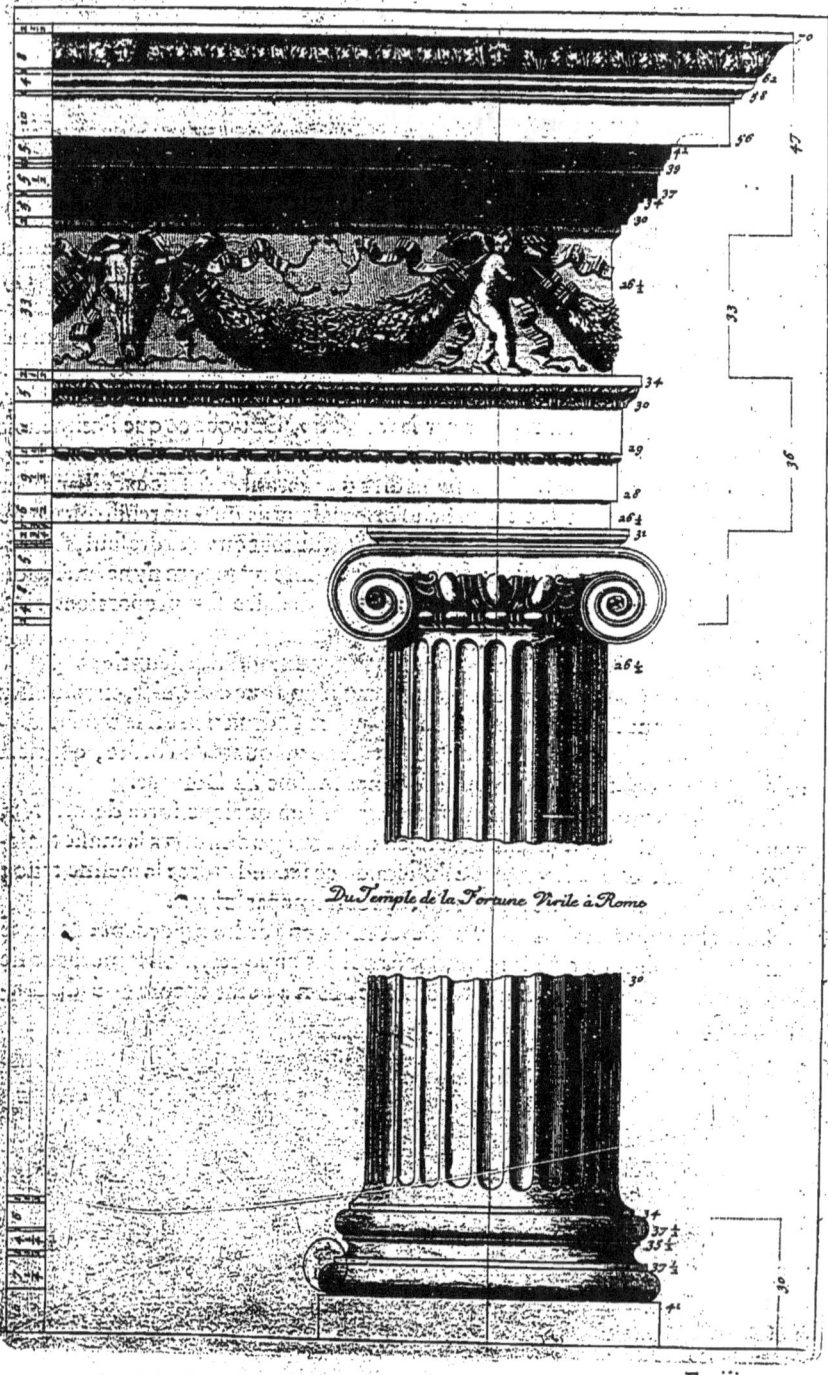

Du Temple de la Fortune Virile à Rome

Autre profil Ionique tiré du theatre de Marcellus à Rome.

CHAPITRE XV.

QVELQV'VN pourra croire que ie deuois establir mon Ionique sur cét exemple, veu qu'il est comme le frere gemeau du premier Dorique par lequel i'ay commencé ce recueil d'Architecture, les ayant tirez tous deux du mesme edifice, qui est le theatre de Marcellus. Et de vray c'estoit aussi mon premier dessein : mais les secondes pensées estant ordinairement les plus iudicieuses, i'ay consideré depuis, que la grandeur de l'entablement auec sa simplicité extraordinaire, estoit vn effect particulier de la discretion de l'Architecte, qui voulant placer cét ordre en vn tres-grand edifice, & encore en vn haut lieu, où la veuë n'eust pû iouïr qu'auec peine des ornemens dont on a accoustumé de l'enrichir, il eut seulement égard à reparer par la raison de l'Optique ce que l'œil deuoit trouuer à redire dans la grace des proportions generales par la distance de l'exhaussement : de sorte que nous pouuons dire de ce profil, qu'il fait excellemment bien en œuure comme il est placé en l'original, mais qu'il ne reüssiroit pas de mesme en vn autre ouurage plus mediocre, & sur tout en vn ordre seul, s'il n'estoit d'vne grandeur colossale ; ce qui n'est encore ny propre ny naturel à son espece qui est feminine. Ie vais neantmoins deduire ses proportions ainsi que des autres.

La hauteur de l'ordre entier est de vingt & deux modules deux tiers.

La colonne auec sa base & son chapiteau n'en a que dix-huict, encore assez iustes ; si bien que l'entablement estant de quatre & deux tiers, il se trouue d'vne grandeur extraordinaire, en ce qu'il excede vn quart de l'ordre, qui est la plus grande proportion qu'on puisse donner mesme au Dorique.

La proiecture ou saillie de la corniche est aussi en quelque sorte demesurée, mais l'Architecte s'y est monstré iudicieux, ayant égard en cela à la masse entiere de l'edifice, & à la hauteur de l'assiete de ce second ordre : la mesme raison luy fit donner tres-peu de diminution à la colonne par le haut.

Les volutes du chapiteau sont ouales comme en l'ordre precedent : & cette maniere de volutes a esté fort pratiquée par les antiques ; mais la methode de les contourner auec le compas est difficile, & n'a point encore esté demonstrée iusqu'à present.

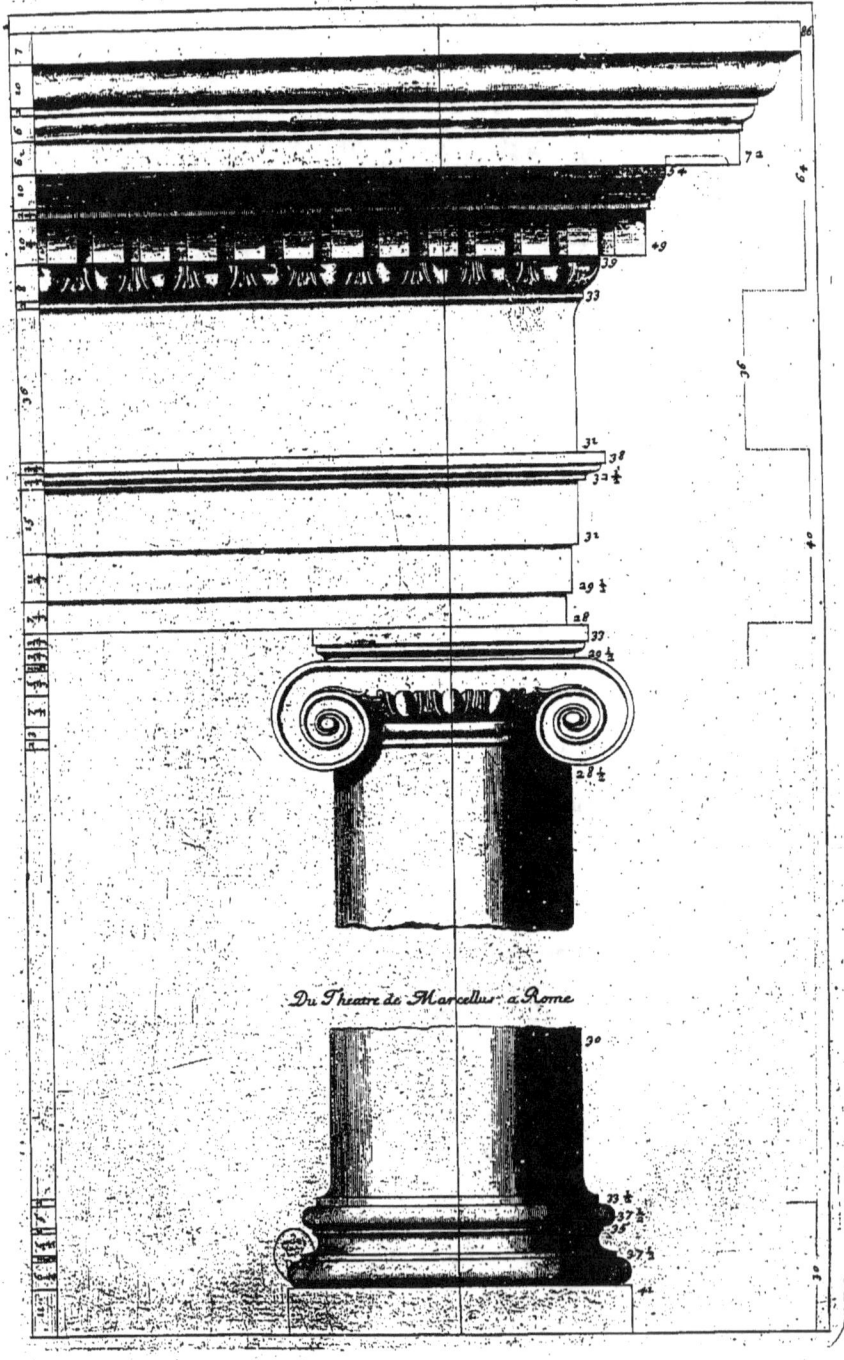

Du Theatre de Marcellus a Rome

Eleuation perspectiue d'vn profil tiré des Thermes de Diocletian à Rome.

CHAPITRE XVI.

I'AY voulu faire vne éleuation perspectiue de ce profil, afin d'apporter quelque varieté en mes desseins, & aussi que c'est vn moyen auantageux pour donner l'idée d'vn ordre, & de son effect estant mis en œuure, en faueur de ceux qui n'ont guere de pratique dans le mestier. Il estoit aux Thermes de Diocletian à l'encoigneure d'vn retour de mur ; ce que i'ay conneu par vn dessein que i'en ay qui est fort ancien & de bonne main, où les mesures tant du plan que du profil sont marquées exactement iusqu'aux moindres choses. ie les ay reduites & accommodées à la diuision de mon module ordinaire, telles qu'on les void sur le profil qui est au dessous de l'entablement perspectif.

La hauteur de l'ordre entier, depuis la base iusques au sommet de la corniche, a dix diametres & vn quart, qui selon nostre maniere de mesurer font vingt modules & demy ; lesquels partagez entre la colonne & l'entablement, elle en prend dix-sept, & les trois modules & demy restans font la hauteur de l'entablement. Or quoy qu'il y ait vne difference considerable de la hauteur de nostre premier exemple Ionique à celui-cy, neantmoins elle consiste plustost dans la quantité totale de l'ordre, qu'en la proportionalité de leurs parties ; car ie trouue icy que l'entablement comparé à sa colonne, a aussi la mesme relation des deux neufiémes, c'est à dire que la hauteur de la colonne estant diuisée en neuf parties, celle de l'entablement en contient deux ; qui est vne symmetrie particulierement affectée à cét ordre icy, comme i'ay dit cy-deuant. Les volutes du chapiteau estoient contournées auec le compas, en la maniere que ie décriray cy-aprés en vne feüille particuliere qui fera la conclusion de cét ordre.

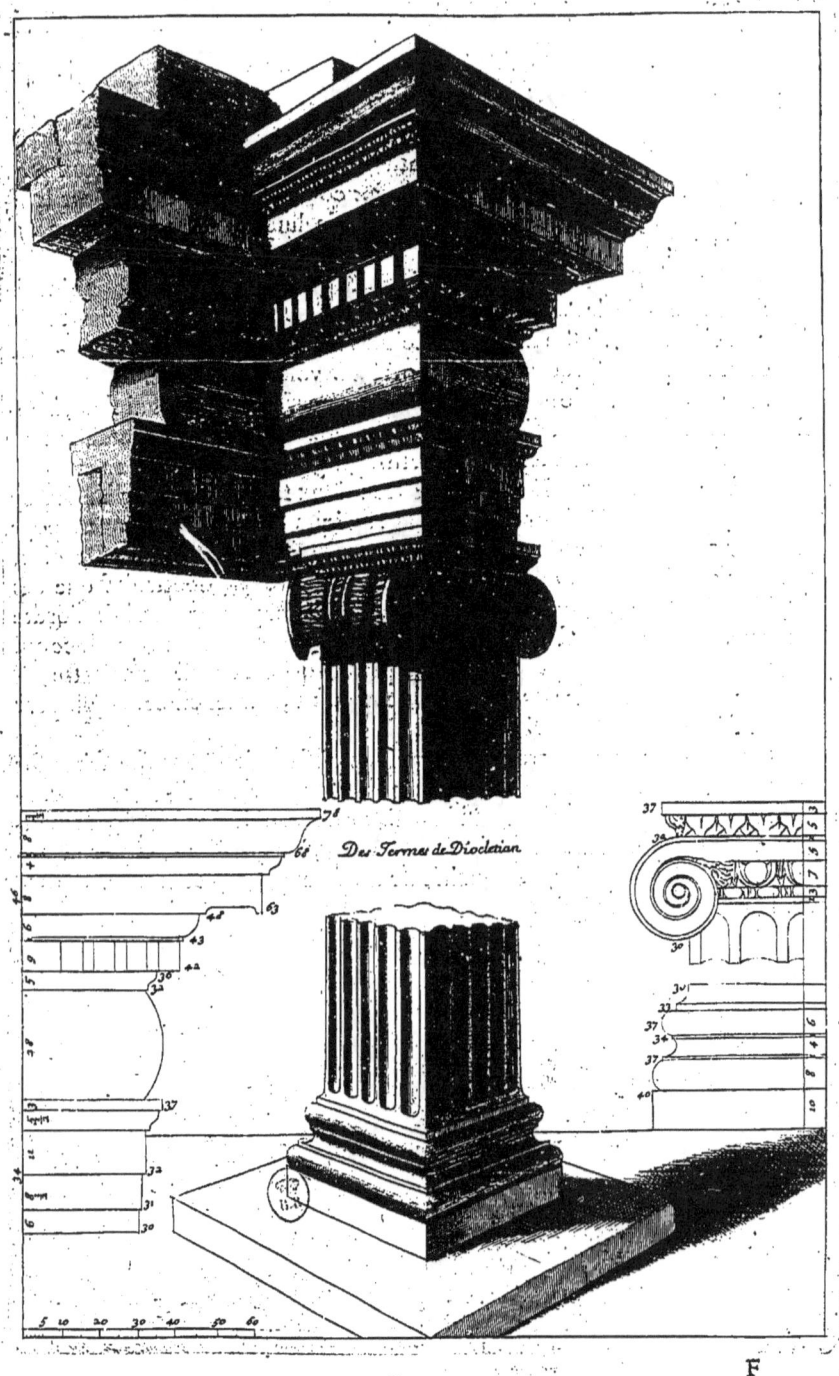

Des Termes de Diocletian

PALLADIO, & SCAMOZZI fur l'ordre Ionique.

CHAPITRE XVII.

IL y a tant de rapport entre les moulures & les mesures de ces deux pro-fils, que la difference n'en eſt quaſi point conſiderable, ſi ce n'eſt par la fi-gure des chapiteaux, laquelle à la verité eſt bien diuerſe de forme, quoy qu'aſ-fez ſemblable en la proportion.

La volute de Scamozzi eſt particuliere, & par conſequent tient moins de l'antique que celle de Palladio : mais Scamozzi a cherché cét expedient, afin que ſon chapiteau vinſt à faire front de tous les coſtez ; ne gouſtant peut-eſtre pas cette varieté d'aſpeƈt qui ſe rencontre à la volute ordinaire.

La hauteur de la colonne, ſelon Palladio, a neuf diametres, qui ſont, à no-ſtre maniere de meſurer, dix-huit modules, dont il ne donne à l'entablement qu'vne cinquiéme partie, qui eſt la meſme proportion qu'il donnera cy-aprés encore à ſon Corinthien. Il euſt peut-eſtre mieux fait de chercher à celui-cy vne moyenne proportionnelle entre la Dorique & la Corinthienne, pour aller par quelque ſorte de gradation, du genre ſolide au delicat. De plus, i'aurois ſouhaité que la corniche euſt pluſtoſt porté des denticules que des modillons, pour la raiſon que i'en ay renduë au chapitre general de l'ordre Ionique. Ce que ie dis ſeulement afin d'auertir, comme en paſſant, de ce qui me ſemble digne d'eſtre obſerué en ce profil, qui eſt excellent au reſte, & en cecy meſme ne peut pas eſtre repris tout à fait, car les choſes qu'on peut mieux faire ne ſont pas mal pour cela.

Quant à Scamozzi, outre que les meſmes obſeruations que i'ay faites ſur le profil de Palladio, ſont encore contre luy ; il y a cela de pis, que ſon cha-piteau eſtant beaucoup plus maſſif, au lieu qu'il deuoit donner plus de hau-teur à ſa corniche, & la compoſer de membres plus grands ; tout au contrai-re, il l'a tenuë plus petite, & tranchée de trois ou quatre petits reglets qui la rendent ſeche & meſquine.

Palladio

Scamozzi

Serlio, & Vignole sur l'ordre Ionique.

CHAPITRE XVIII.

L'INEGALITE' de ces deux profils eſt ſi grande, qu'il n'eſt quaſi pas poſſible de les approuuer tous deux, & neantmoins il n'y a pas lieu auſſi de les condamner ny l'vn ny l'autre, chacun ayant ſon principe aſſez regulier, & encore ſes authoritez & ſes exemples.

Le premier, qui eſt Serlio, aprés auoir fait vn beau recueil de tous les plus excellens antiques de l'Italie, où il deuoit auoir pris vne haute idée des ordres, eſt reuenu en l'échole de Vitruue, où la petiteſſe de ſon genie l'a rappellé.

Vignole, tout au contraire, s'eſt ietté auec excés dans l'autre maniere qu'on appelle grande, laquelle, quoy que plus auantageuſe & plus noble, ne laiſſe pas d'auoir ſes limites, au delà deſquelles elle deuient vicieuſe & extrauagante.

Or la difference ſi notable de ces deux maiſtres prouient de ce que Serlio ne fait ſa colonne que de ſept diametres & demy, & n'en donne qu'vn cinquiéme à l'entablement ; au lieu que Vignole luy a donné neuf diametres, & fait ſon entablement d'vn quart tout entier.

Ce que ie trouue à redire en ce dernier, eſt qu'il s'eſt ſeruy de la baſe que Vitruue a compoſée pour ſon Ionique, laquelle n'eſt excuſable qu'à ceux qui le ſuiuent en tout le reſte: car les autres qui ont cherché d'imiter l'antique, n'ont point de raiſon de l'employer, puis qu'il ne s'en void aucun exemple. En effe&t auſſi elle n'a pas eu l'approbation des meilleurs modernes, qui l'ayant examinée ſe ſont eſtonnez que Vitruue ait mis vn ſi gros tore deſſus de petits tondins, chargeant le fort ſur le foible: ce qui eſtant contre l'ordre de la nature, fait de la peine aux yeux delicats.

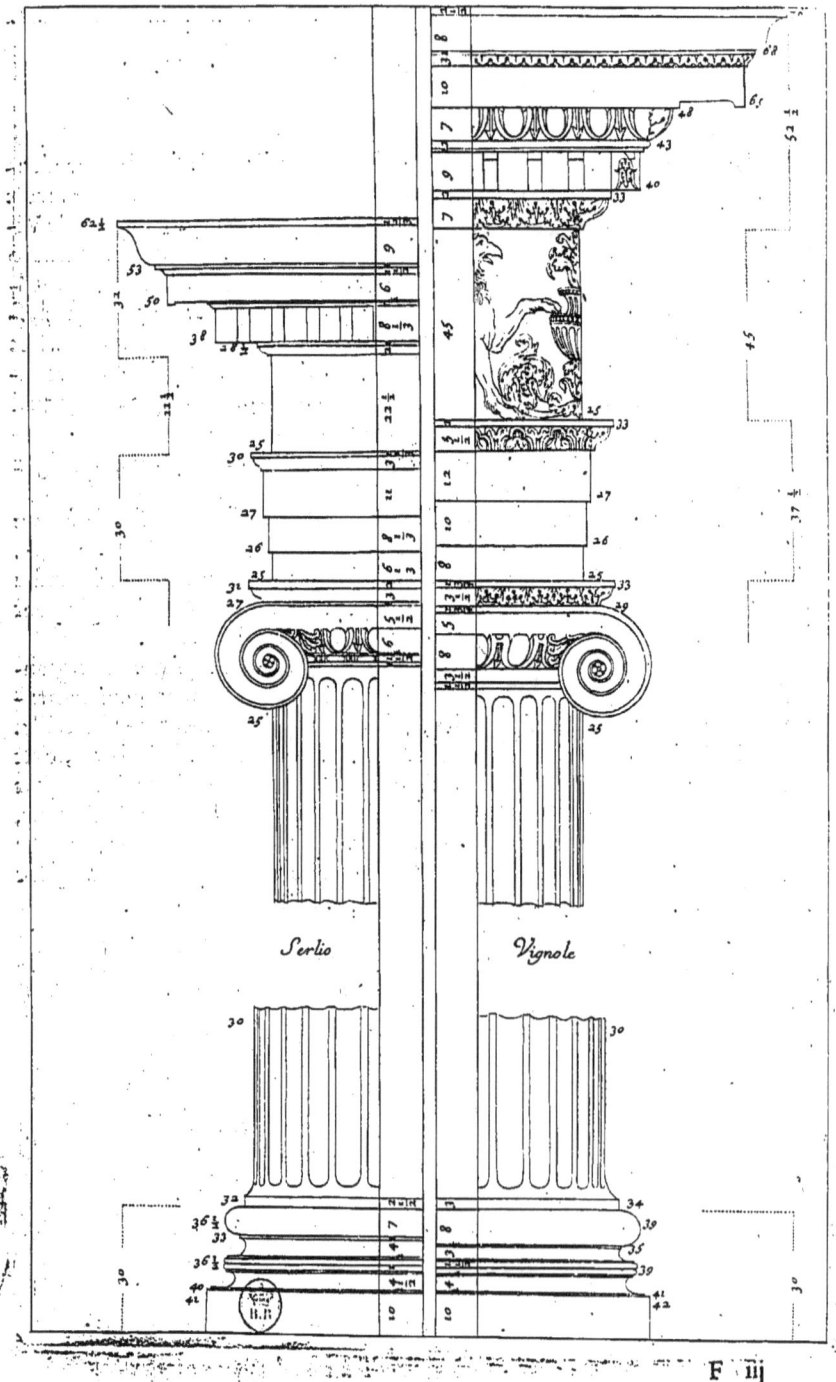

Serlio

Vignole

D. BARBARO, & P. CATANEO sur l'ordre Ionique.

CHAPITRE XIX.

C'EST encore icy le mesme stile qu'a tenu Serlio en la feüille precedente: & quoy qu'il y ait beaucoup de rapport entre les profils de ces trois maistres, neantmoins on doit tousiours faire estat qu'en l'intelligence de Vitruue (à la doctrine duquel ils ont tasché de se conformer) Daniel Barbaro est le premier & le coriphée. Ce qu'en peut assez iuger par le seul échantillon du contournement de la volute du chapiteau, qui est vne piece tres-essentielle en cét ordre icy, & dont le vray trait n'auoit point esté connu à nos modernes auant Daniel Barbaro, auquel nous auons l'obligation du recouurement de cét excellent chef-d'œuure de l'Architecture antique, quoy qu'il ait eu la bonté d'en vouloir bien partager la gloire auec Palladio son contemporain & intime amy, de la conference & ministere duquel il témoigne s'estre seruy dans la delineation de tous ses desseins.

Ie reserue pour la conclusion de l'ordre Ionique de faire vne feüille à part de cette maniere de volute, où i'enseigneray à la tracer regulierement selon l'intention de nostre autheur. Et parce qu'il est plus court de la dépeindre que de la décrire, ie me seruiray plus vtilement du compas & de la regle pour la demonstrer, que ie ne ferois en y employant vn long discours.

Ie ne trouue rien de remarquable en ces deux profils qu'vne trop grande simplicité. Au reste, la difference des entablemens, tant pour la hauteur que pour la forme, est si petite, qu'elle n'est aucunement considerable. Ce qui est plus digne d'obseruation au dessein du R. Daniel Barbaro, c'est qu'il donne à chaque bande de l'architraue vne pente ou espece de retraitte par le bas, laquelle est expressément ordonnée au troisiéme liure de Vitruue, vers la fin du dernier chapitre ; mais ie trouue que la raison perspectiue sur laquelle il s'est fondé, est plus subtile pour le discours, que solide pour l'execution, & ie n'en ay iamais veu d'exemple en aucun ouurage.

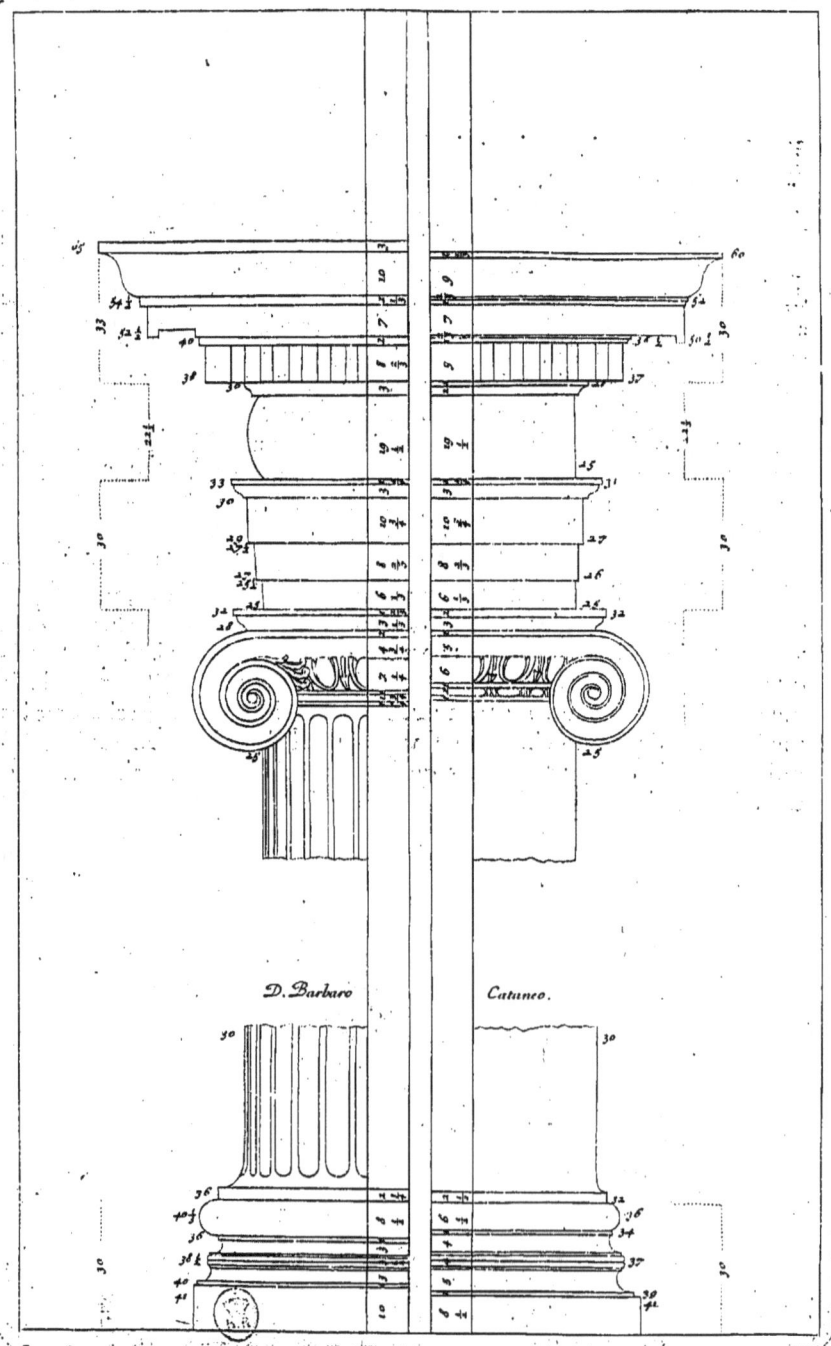

D. Barbaro.

Cataneo.

L. B. Alberti, & Viola sur l'ordre Ionique.

CHAPITRE XX.

LA conformité de ces deux desseins à ceux d'André Palladio & de Scamozzi, est si grande, qu'il est aisé de iuger qu'ils se sont aidez recipro-
quement les vns des autres, c'est à dire, que Viola s'est serui de celuy de Palladio, comme il auoit desia fait en l'ordre Dorique; & que Scamozzi a imité
L. B. Alberti, qui est son ancien de plus de cent ans. Au reste, il est difficile
de decider lequel de ces deux profils est preferable, parce que l'ordre Ionique
a esté traitté fort diuersement par les antiques, ainsi qu'on peut voir dans les
exemples que i'en ay donnez, dont les vns sont enrichis de moulures & d'ornemens, & les autres sont plus simples. Ce que i'aurois desiré icy pour vne
plus grande regularité, seroit de couper les denticules sur la platte-bande du
dessein de L. B. Alberti, puis qu'il n'a point mis de modillons, comme Viola
son compagnon qui a cette excuse : mais pour moy i'eusse plustost employê
les denticules, puis qu'ils sont particulierement affectez à l'ordre Ionique, &
i'aurois laissé les modillons pour l'ordre suiuant.

Le lecteur se pourra bien souuenir, ou retourner voir à la feüille cy-deuant
sur les profils de Palladio & de Scamozzi ce que i'y ay obserué, parce qu'il
conuient encore à celui-cy de Viola; à quoy ic puis adiouster de plus, comme
vne nouuelle recharge, qu'il a eu tort d'employer vne autre base que l'Attique, puis qu'il voyoit que son maistre Palladio l'auoit preferée à celle de la
composition de Vitruue. Il auroit mieux fait aussi de suiure precisément les
modenatures de la corniche du mesme profil de Palladio; car en voulant dé-
guiser son imitation, y adioustant quelques membres, & y en alterant d'autres, il l'a renduë plus mesquine.

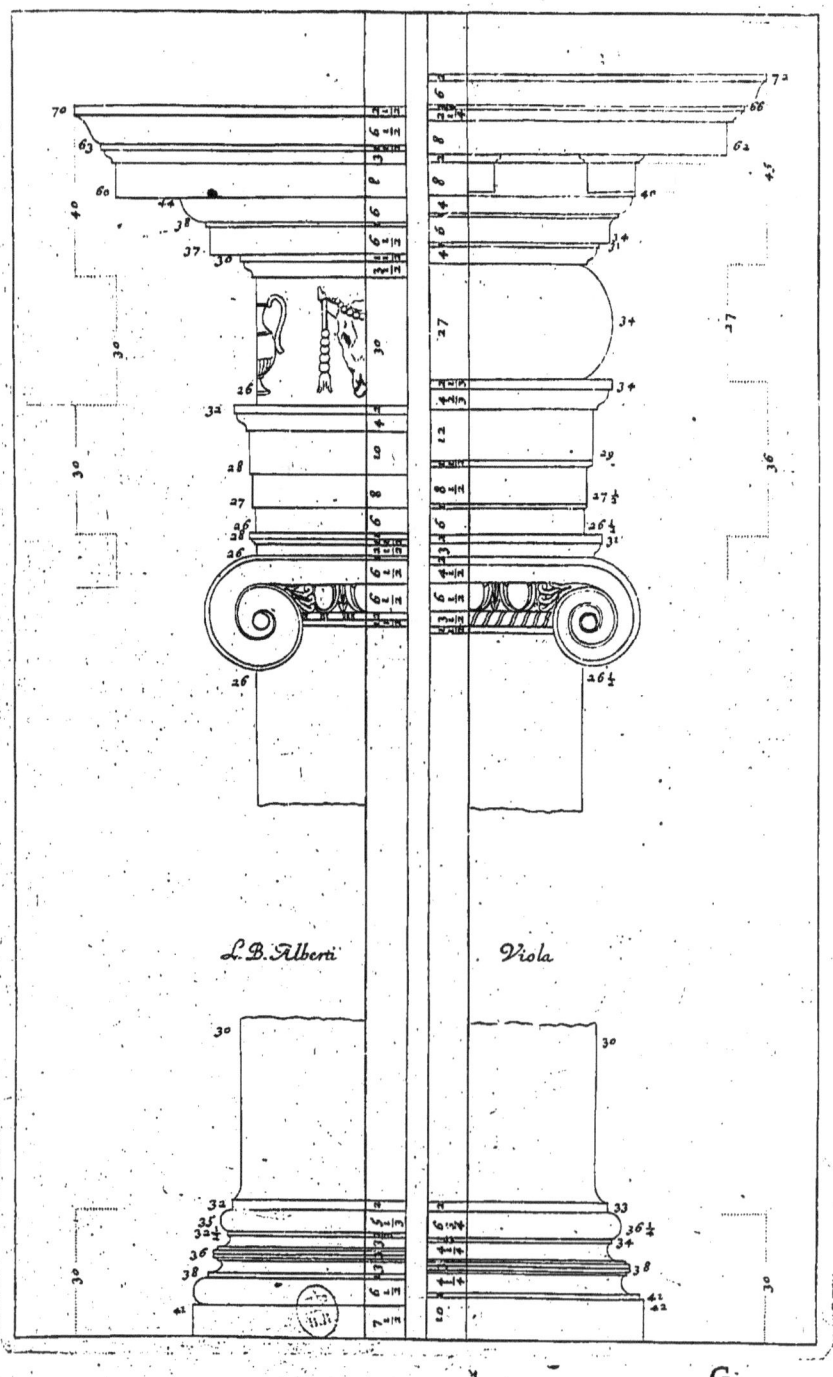

L. B. Alberti   Viola

BVLLANT & de LORME fur l'ordre Ionique.

CHAPITRE XXI.

CE premier profil eſt preciſément ſelon Vitruue, comme celuy de Serlio, de Cataneo, & de Daniel Barbaro, qu'on a deſia yeus : mais il n'y a rien en l'autre qui ſoit digne d'eſtre imité, n'eſtant conforme ny à l'antique ny à Vitruue, & de plus n'ayant aucune regularité en ſes parties ; car la corniche eſt camuſe, les principaux membres, comme la doucine & le larmier, ſont petits & pauures, la friſe plus grande que la corniche, & la baſe de la colonne encore alterée en ſa forme & en la meſure de ſes membres, entre leſquels la groſſeur du tore paroiſt exceſſiue, eu égard aux deux ſcoties qui ſont au deſſous, outre la repetition inepte des deux aſtragales ſur le plinte. La volute du chapiteau eſt auſſi trop grande, & le fuſarole (qui eſt le collier de la colonne) auec ſon liſteau : en vn mot cette compoſition eſt bien placée ſur le dernier rang. Mais aprés tout ie ſuis eſtonné qu'vn homme de la condition de cét autheur, qui eſtoit laborieux, comme on peut iuger par ce qu'il dit en ſon liure touchant les obſeruations qu'il auoit faites à Rome ſur les antiques, qui auoit vn grand amour naturel à l'Architecture, à qui les commoditez n'ont point manqué pour eſtudier à ſon aiſe, & ſe faire inſtruire, qui eſtoit allé par le vray chemin de l'art, & qui a eu d'aſſez grandes occaſions de pratiquer & de mettre en œuure ſes eſtudes ; qu'auec tous ces auantages il ſoit neantmoins touſiours reſté entre les mediocres. Cela montre bien que noſtre genie nous peut tromper quelquesfois, & qu'il nous porte à des choſes pour leſquelles nous n'auons aucun talent.

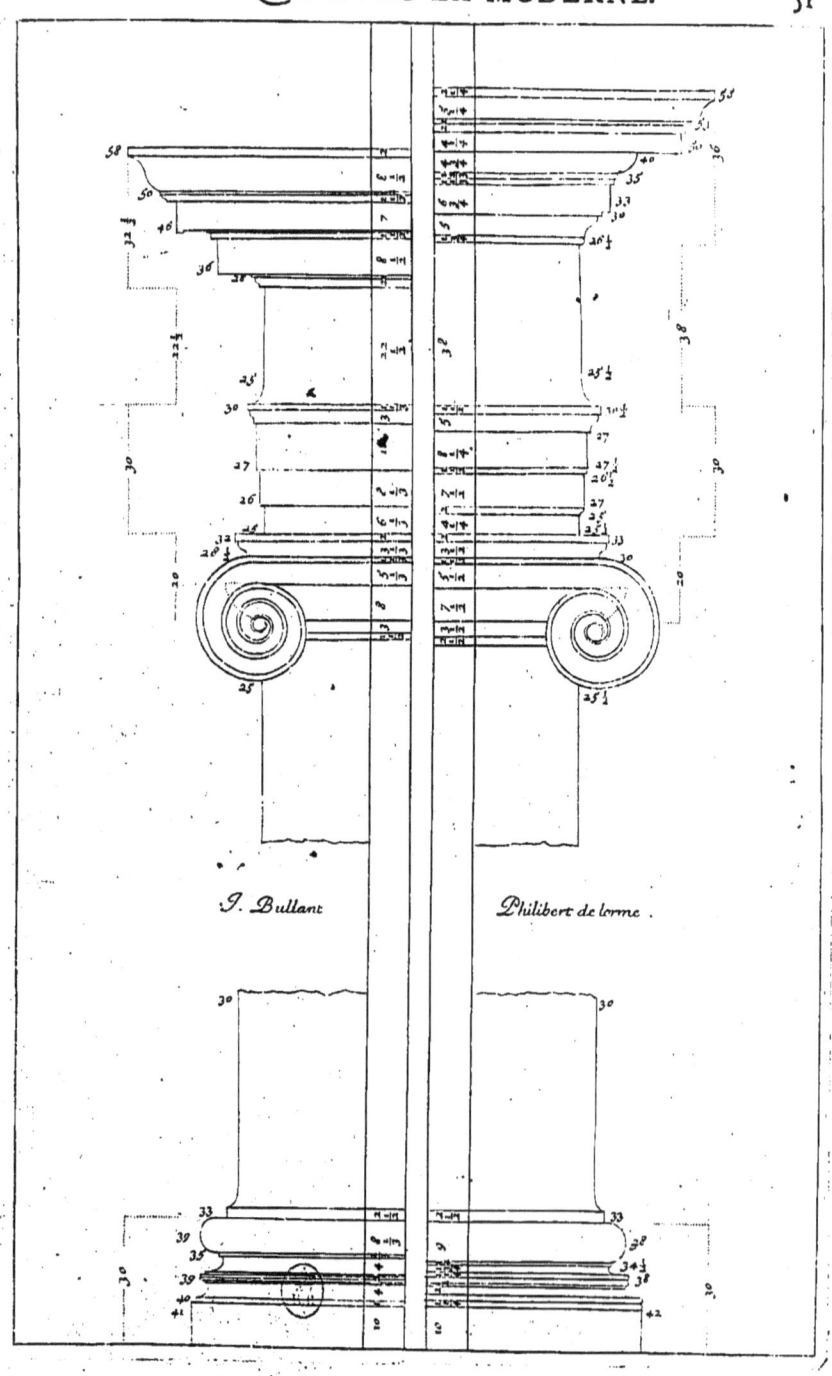

J. Bullant

Philibert de lorme.

De l'ordre des Caryatides.

CHAPITRE XXII.

IE ne veux point repeter icy l'hiftoire dont cét ordre a tiré fon origine, elle eft affez amplement déduite au chapitre general de l'ordre Ionique, duquel celui-cy n'eft qu'vne efpece, & toute fa difference confifte au feul changement de la colonne, qui eft metamorphofée en vne figure de femme ; laquelle mefme ayant quelquefois femblé incommode aux Architectes par la trop grande amplitude des veftemens qui embaraffoient le lieu du paffage, & la fymmetrie des entre-colonnes, ils fe contenterent de faire des teftes en la place des chapiteaux, aiuftant & compofant les coëffures en maniere de volutes, fans toucher au refte de la colonne, fi ce n'eft qu'ils y entaillerent des canneleures, pour reprefenter en quelque façon les plis des robes de ces matrones, parce que cét ornement n'altere point le diametre ny la hauteur de la tige, qui font les bafes & comme le fondement des proportions de l'Architecture.

Ce que i'ay dit cy-deuant des Caryatides au chapitre general de l'ordre Ionique, fait affez entendre qu'il y a peu d'occafions où elles puiffent eftre employées iudicieufement, quoy que la plufpart de nos modernes fe foient donné vne tres-grande licence de les introduire indifferemment en toute forte d'ouurages ; car non feulement dans les palais des grands Princes, dehors & dedans, mais iufqu'aux maifons des particuliers, & dans les Eglifes mefme, & les fepultures, tout en eft rempli, fans aucun égard à la raifon de l'hiftoire, ny au decore : & bien fouuent par vne ineptie infupportable ils font entrer en la place de ces pauures & miferables captiues, des figures venerables, comme les vertus, les mufes, les graces, & les anges mefme ; au lieu que pluftoft il y faudroit attacher & emmenotter les vices.

Mais il me fuffit d'auoir auerty de cét abus, fans m'amufer dauantage à declamer contre.

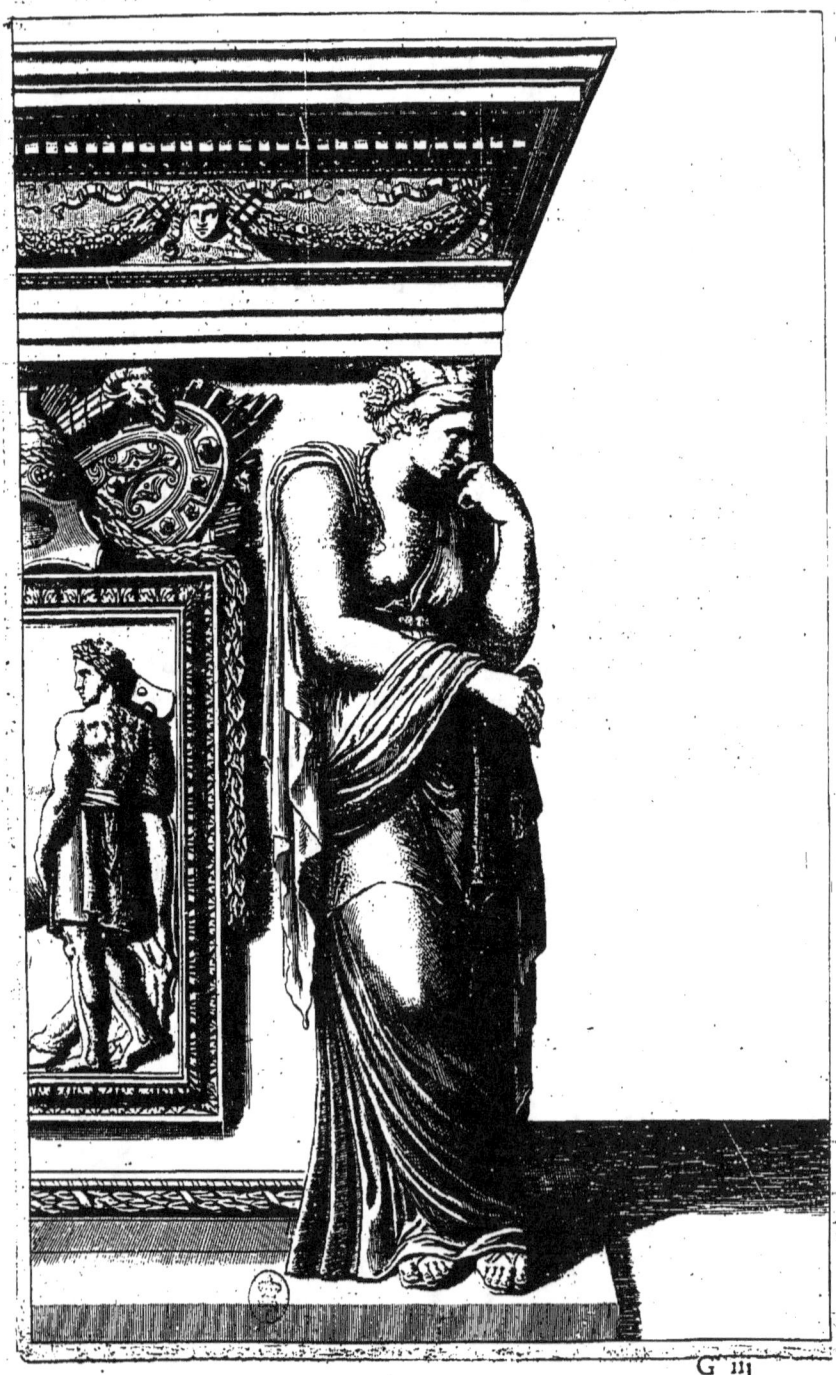

DE L'ORDRE PERSIQVE.
CHAPITRE XXIII.

QVOY que le nom de cét ordre foit moins conneu que celuy des Caryatides, fous lequel il femble qu'on veüille exprimer generalement tous
les ordres où des figures feruent de colonnes ; neantmoins il ne faut pas fuiure
l'abus commun , puifque Vitruue y a mis de la difference au mefme chapitre où il parle des Caryatides : Et parce que celui-cy doit eftre vn peu plus folide eu égard au fexe, on luy donne d'ordinaire vn entablement Dorique. Pour cette confideration i'auois eu deffein de le placer fur la fin de ce
mefme ordre Dorique , ou de le mettre icy le premier ; mais depuis i'ay
creu que Vitruue n'en ayant traitté qu'en fuite des Caryatides, ie ne deuois
rien changer en vne chofe de fi legere importance. Ie me contenteray donc d'a-
uertir, que les Romains employerent rarement les Caryatides : & en effect
il ne s'en rencontre aucun veftige ; bien que Pline au 35. liure chap. 5. ait fait
mention de celles de la Rotonde : ce qui donne affez à deuiner à nos antiquaires modernes, lefquels ne peuuent trouuer en tout ce temple, qui paroift encore fort entier, aucune place commode ny apparente où elles deuf-
fent auoir efté. Mais de ces captifs à la Perfienne il en eft refté beaucoup
d'exemples, quelques-vns defquels font encore prefentement au mefme lieu
où ils furent mis en œuure, comme à l'arc de Conftantin ; & quelques autres qui ont efté tranfportez en des iardins & en des palais particuliers, fans
qu'on fçache d'où ils font venus. Celui-cy eft deffeigné fur vn excellent original qu'on void à Rome dans le palais de Farnefe.

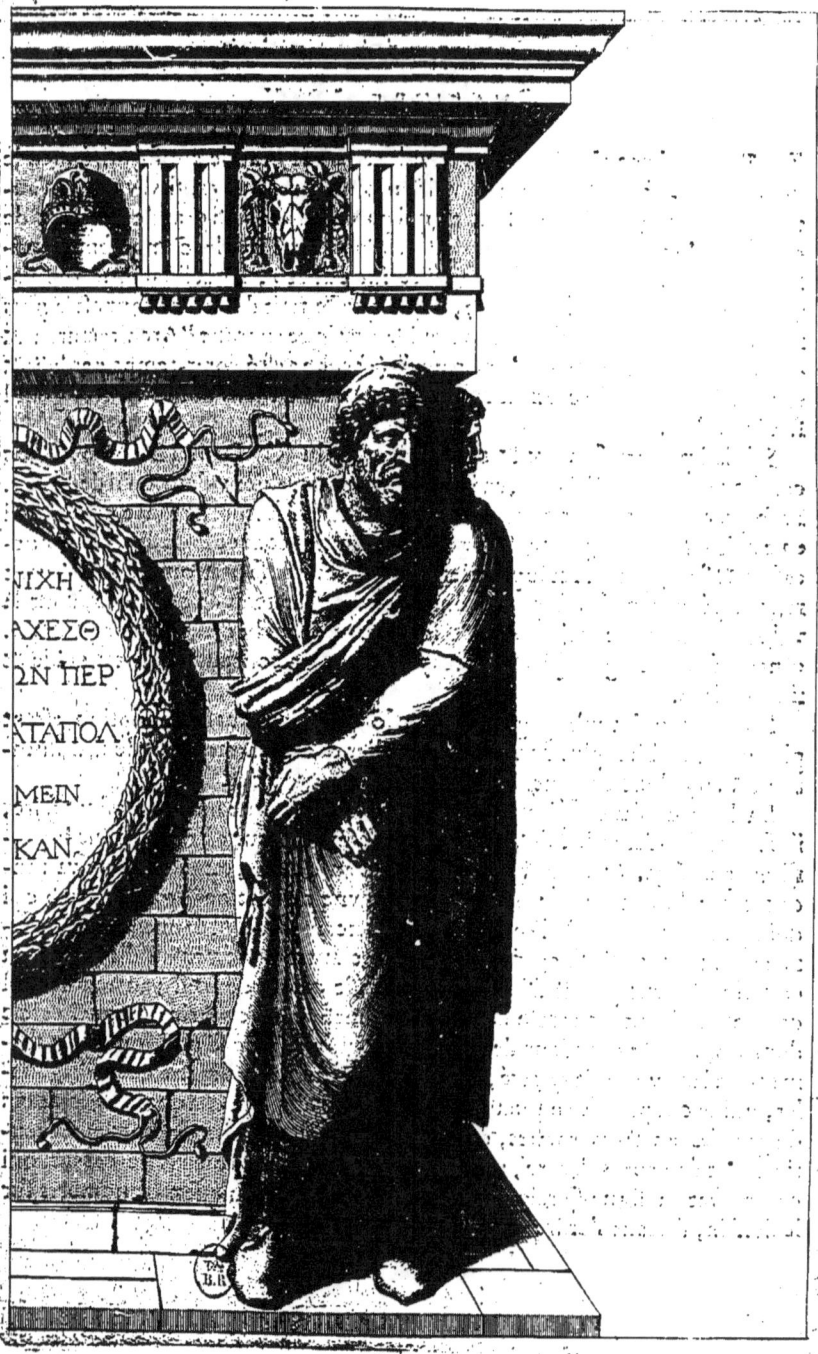

ΝΙΧΗ
ΑΧΕΣΘ
ΩΝ ΠΕΡ
ΑΤΑΠΟΛ
ΜΕΙΝ
ΚΑΝ

Du contournement de la volute Ionique.

CHAPITRE XXIV.

LE corps de ce chapiteau fans fa volute, a vne grande conformité auec le Dorique : ce qu'il eft aifé de voir en conferant leurs profils l'vn auec l'autre : car la diuerfité de leur forme, qui paroift d'abord fi grande aux yeux de ceux qui n'ont point examiné le détail des membres qui les compofent, confifte toute en l'application de la volute fur l'abaco, laquelle donne vne varieté tres-auantageufe à l'Ionique, en ce que le trait de fon contour eft la plus induftrieufe operation de compas qui fe pratique en toute l'Architecture : & celuy de nos modernes qui l'a retrouuée (car elle a efté long-temps perduë & tout a fait ignorée de ceux de la profeffion) a rendu fans doute vn tres-grand feruice à l'art.

Saluiati peintre fameux & contemporain du R^{me} Daniel Barbaro, & par confequent auffi de Palladio, en imprima vn petit cahier volant, qu'il dedia à D. Barbaro comme au plus celebre arbitre de l'Architecture de fon temps, lequel en auoit auffi l'intelligence, & l'auoit communiquée auec Palladio, qui par occafion & fans y penfer fut le premier inueftigateur de fa pratique, en ce qu'ayant rencontré parmy des fragmens antiques vn chapiteau de cét ordre, dont la volute eftoit reftée imparfaite, & feulement ébauchée, il y remarqua les 13. centres de cette ligne fpirale, qui luy donnent vn contournement fi noble & fi ingenieux.

Ie ne veux point m'engager icy en vn long difcours fur fa defcription, eftant plus court & bien plus demonftratif d'aller droit à la methode de fa delineation. Voicy donc en general comme il y faut proceder.

La hauteur du chapiteau & la partition de chaque membre eftant faite, il faut regler l'étenduë de l'abaco felon la mefure qui eft chiffrée fur le profil au poinct 32. & du poinct 28 ⅞ vn peu au deffous, où fa doucine va rencontrer le lifteau de la volute, on abat vne cathete ou ligne à plomb qui doit paffer au centre de l'œil de cette volute marqué A. laquelle cathete fera aprés rencontrée à angle droit par vne autre ligne venant du milieu du collarin, & leur poinct d'interfection fera le centre de l'œil ; autour duquel centre décriuant vn cercle de la largeur mefme du collarin : (lequel cercle donnera la iufte grandeur de l'œil, & le vray lieu de fa pofition) on y formera dedans vn petit quarré, des angles duquel ayant mené deux diagonales, qui le couperont en quatre triangles, on diuifera chaque moitié de ces diagonales en trois parties, dont chaque poinct feruira de centre confecutiuemént l'vn aprés l'autre, pour former les differents quarts de cercles qui compofent la ligne fpirale de la volute. Ils font diftinguez de nombres fur le deffein, fuiuant l'ordre qu'ils doiuent feruir.

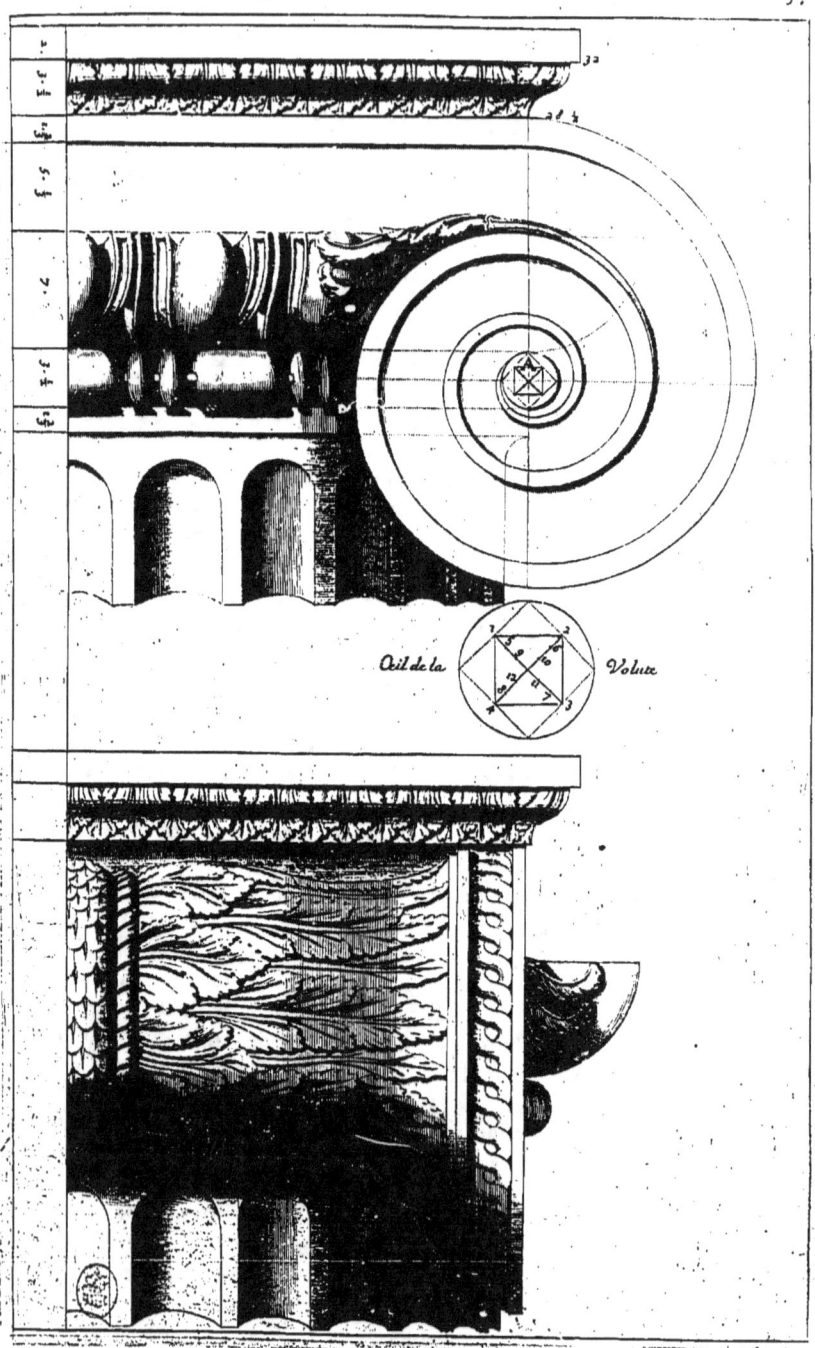

Œil de la   Volute

Portique du temple de la Fortune virile à Rome, qui eſt maintenant
l'Egliſe de ſainĉte Marie Egyptienne.

CHAPITRE XXV.

APRE'S auoir bien examiné chaque partie de l'ordre Ionique, & veu en
détail la forme & les proportions de tous ſes membres, il eſt comme
neceſſaire maintenant pour en auoir vne idée parfaite, de les mettre enſemble, & d'en faire vn corps entier, où l'on puiſſe voir la ſymmetrie & le rapport qu'ils auront entre eux. I'ay choiſi à cét effeĉt vn frontiſpice, qui eſt la
plus noble & plus magnifique compoſition dont on puiſſe orner vn baſtiment : Et afin d'eſtre touſiours plus preciſément dans les vrays termes des
principes que i'ay poſez, ie me vais ſeruir icy du meſme antique d'où i'ay
tiré mon premier modele, ſur lequel ie fonde principalement la regularité
de l'ordre Ionique.

Ceux qui auront la curioſité de voir le plan de ce temple auec ſes meſures,
& le profil de ſa porte qui eſt tres-belle, ils les trouueront dans le 4. liure
de Palladio chap. 13. & en meſme temps ils y pourront voir encore vne des
plus curieuſes pieces d'Architeĉture de tout le liure, qui eſt le plan d'vn
chapiteau qu'il nomme angulaire, lequel eſtant mis ſur la colonne de l'angle, fait face de deux coſtez, pour garder touſiours le meſme aſpeĉt auec
tous les autres chapiteaux qui ſont ſur les aiſles & à la façade du baſtiment.

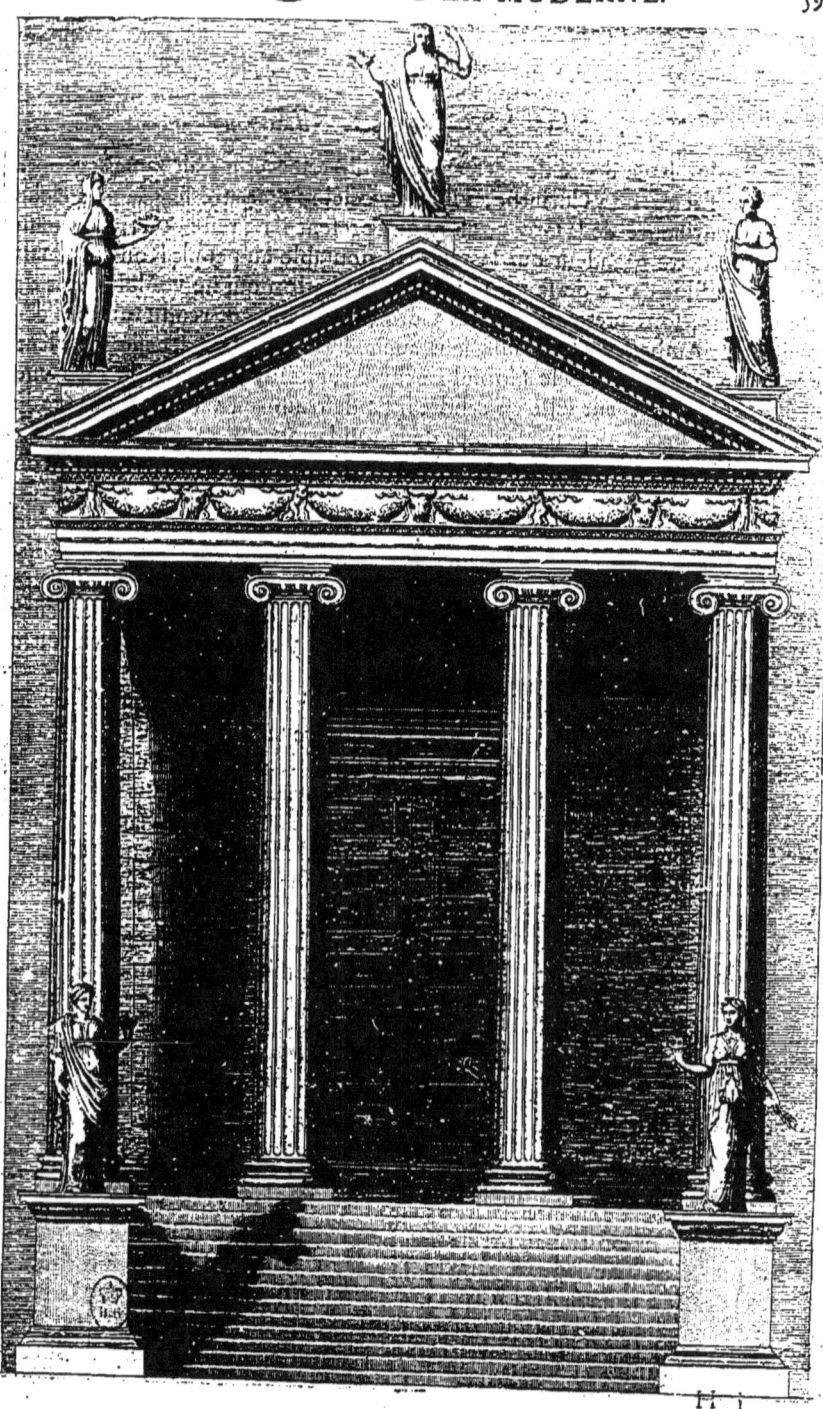

DE L'ORDRE CORINTHIEN.

CHAPITRE XXVI.

LE plus haut degré de perfection où l'Architecture ait iamais monté luy fut dreſſé à Corinthe, ville tres-celebre & autresfois la plus riche & plus fleuriſſante de la Grece, quoy qu'à preſent il ne reſte quaſi plus aucun veſtige de cette grandeur qui la rendit redoutable au peuple Romain, mais qui fut auſſi la cauſe de ſa ruine : car cette nation qui ne vouloit point de concurrens, ſous pretexte que les Corinthiens auoient rendu quelque déplaiſir aux Ambaſſadeurs qu'elle leur auoit enuoyez, prit occaſion de leur denoncer la guerre, & le Conſul Lucius Mummius y eſtant allé auec vne groſſe armée, mit leur ville en cendres, & deſtruiſit en vn iour l'ouurage de plus de neuf ſiecles depuis le temps de ſa fondation.

C'eſt là que noſtre ordre Corinthien auoit pris naiſſance ; & bien qu'on ne ſçache pas preciſément ſon ancienneté, ny ſous quel regne viuoit ce Callimacus à qui Vitruue refere la gloire de cette excellente production ; on peut neantmoins iuger par la nobleſſe de ſes ornemens, qu'il fut inuenté durant la magnificence & la ſplendeur de Corinthe, & bien toſt aprés l'ordre Ionique, auquel il eſt fort ſemblable, à la reſerue du chapiteau ſeulement : car il n'eſt point fait mention que Callimacus y ait apporté du ſien autre choſe que le chapiteau.

Vitruue raconte aſſez au long, au premier chapitre de ſon quatriéme liure, à quelle occaſion cét ingenieux Architecte ſe forma l'idée de ce grand chef-d'œuure, qui a remporté la palme de l'Architecture, & immortaliſé le nom de Corinthe; & quoy que l'hiſtoire qu'il en rapporte paroiſſe vn peu fabuleuſe au iugement de Villalpandus qui traitte auſſi de ce chapiteau dans ſon ſecond tome liure 5. chap. 23. neantmoins il n'eſt pas iuſte que le ſentiment particulier d'vn moderne preuaille à l'authorité d'vn ſi graue autheur. Voicy donc ce que Vitruue en écrit.

Vne fille de Corinthe eſtant deſia grande tomba malade, & mourut : aprés le iour de ſes funerailles, ſa nourrice ayant ramaſſé dans vn pannier certains petits vaſes auec leſquels elle ſe diuertiſſoit durant ſa vie, elle les alla porter ſur ſon tombeau : & afin qu'ils ſe conſeruaſſent plus long-temps contre les iniures de l'air, elle les couurit d'vne tuile.   Or le pannier s'eſtant fortuitement rencontré ſur vne racine d'Acante, cette herbe vint à pouſſer vers la ſaiſon du printemps, & ietter des feüilles, dont les tiges qui montoient le long du corps du pannier, ayant rencontré les coins de la tuile, furent contraintes par ſa peſanteur de courber leur cime en bas, formant comme vne maniere de volutes.   Alors le ſculpteur Callimacus, (qui pour la delicateſſe de ſon trauail ſur le marbre, & la gentilleſſe de ſes inuentions fut ſurnommé par les Atheniens *Catatechnos*, c'eſt à dire induſtrieux) paſſant auprés de ce monument, conſidera ce pannier, & la tendreſſe de ces ornemens de feüilles naiſſantes tout alentour, dont la maniere & la forme luy ayant pleu par leur nouueauté, il fit des colonnes à Corinthe

fur ce modele, & en ordonna les fymmetries, diftribuant aprés dans fes ouurages la proportion conuenable à chacun des autres membres felon cette
efpece Corinthienne. Voila ce qu'en dit Vitruue. Mais Villalpandus qui veut
donner à ce chapiteau vne plus noble & plus ancienne origine, pretend que
les Corinthiens l'auoient tiré du temple de Salomon, duquel Dieu mefme
auoit efté l'Architecte : & pour eluder ce que Vitruue nous en vient d'apprendre, il fait voir que les chapiteaux d'Acante n'ont quafi point efté mis
en œuure par les antiques, qui les tailloient ordinairement à feüilles d'oliue ; & prouue en fuite par le texte de la Bible, & par quelques autres hiftoriens qui ont fait la defcription de cette diuine Architecture, que les vrays
originaux du temple eftoient à branches de palme portant du fruit, à quoy
les feüilles d'oliue ont plus de correfpondance. Le deffein qu'on en verra cy-
aprés auec tout l'entablement de l'ordre, que i'ay deffeigné precifément felon les mefures que Villalpandus en a recüeillies, lefquelles i'ay voulu fuiure
fans m'arrefter au profil qu'il a fait grauer, montrera mieux que ie ne fçaurois écrire la beauté de cette compofition. Cependant pour ne prendre
point le change, & demeurer dans les termes de l'Architecture Corinthienne
qui a efté pratiquée par ces grands maiftres de l'antiquité tant Grecs que
Romains, de laquelle il refte encore maintenant de fi merueilleux veftiges
& des temples mefme tous entiers, qui font des leçons demonftratiues &
tres-expreffes des modenatures de cét ordre : i'en ay choifi vn des plus celebres pour m'y conformer entierement, fans auoir égard à l'opinion des
autheurs modernes, puis qu'ils ont deu prendre le mefme chemin, & fe
regler auffi bien que moy fur ces exemples originaux.

La Rotonde (qu'on appelloit autresfois le Pantheon) ayant toufiours eu
l'approbation vniuerfelle des intelligens, comme le plus regulier ouurage
Corinthien, & le plus fameux de tous les reftes de l'ancienne Rome, m'a
femblé le meilleur modele que ie peuffe prendre, quoy qu'il s'y en trouue
d'autres beaucoup plus riches en ornemens, & d'vne beauté plus delicate;
mais comme les goufts font differents, i'ay fuiuy le mien qui ayme les chofes folides & vn peu fimples, lefquelles me femblent plus maieftueufes. Neantmoins parce qu'il eft fouuent neceffaire à vn Architecte de s'accommoder à
l'humeur de ceux qui l'employent; & qu'il fe rencontre auffi des occafions où
il faut paroiftre magnifique, comme à des Arcs de triomphe, aux Palais des
Roys, aux Bafiliques & aux Thermes qui eftoient fort en vfage au temps
des anciens, & en d'autres femblables grands edifices, où l'on confidere
principalement le luxe & la profufion : i'en vais rapporter quelques exemples des plus fameux de l'antiquité, le premier defquels fera ce grand refte
de frontifpice qu'on appelloit la Tour de Neron, lequel a efté démoli depuis
trente années, à la honte de ce fiecle icy, par l'auarice de quelques particuliers.

C'eftoit vne des plus rares pieces de l'antiquité, tant pour la beauté & la richeffe de fes ornemens, que pour la compofition des membres de l'ordre, qui
femble mefme en papier fiere & terrible : le iudicieux Architecte de cét ouurage ayant bien fceu introduire en fon deffein vne grandeur de maniere,
laquelle égaloit celle des maffes de pierres qu'il fit entrer en la ftructure de
cét edifice gigantefque, dont les colonnes auoient fix pieds de diametre.

On ne fçait pas bien au vray qui le fit baftir, ny à quel vfage il feruoit; les vns eftimant que ce fut vn temple conftruit par l'Empereur Aurelian, & dedié au foleil : & quelques autres que ce n'eftoit qu'vn palais particulier. Le vulgaire tient par tradition que Neron l'auoit ainfi éleué pour voir brû-ler Rome, ce qui n'a guere de vray-femblance, vn fi grand ouurage ne pouuant pas eftre fait qu'auec bien du temps. Mais quoy qu'il en foit, il eft certain que ç'a efté le plus magnifique & le plus grand ordre Corinthien qu'on ait veu à Rome, comme on connoiftra par le deffein que i'en donne-ray aprés celuy du profil du portique de la Rotonde, qui eft le modele fur lequel ie regle les proportions des modenatures Corinthiennes.

Ce premier deffein eft vne fimple reprefentation de l'hiftoire de Callima-cus que ie viens de rapporter, & il ne tient lieu icy que d'vn ornement.

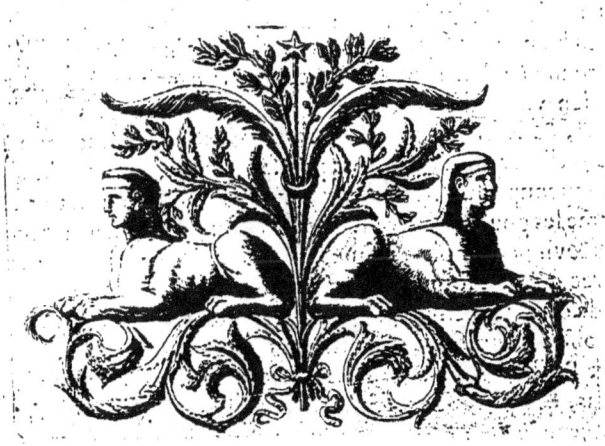

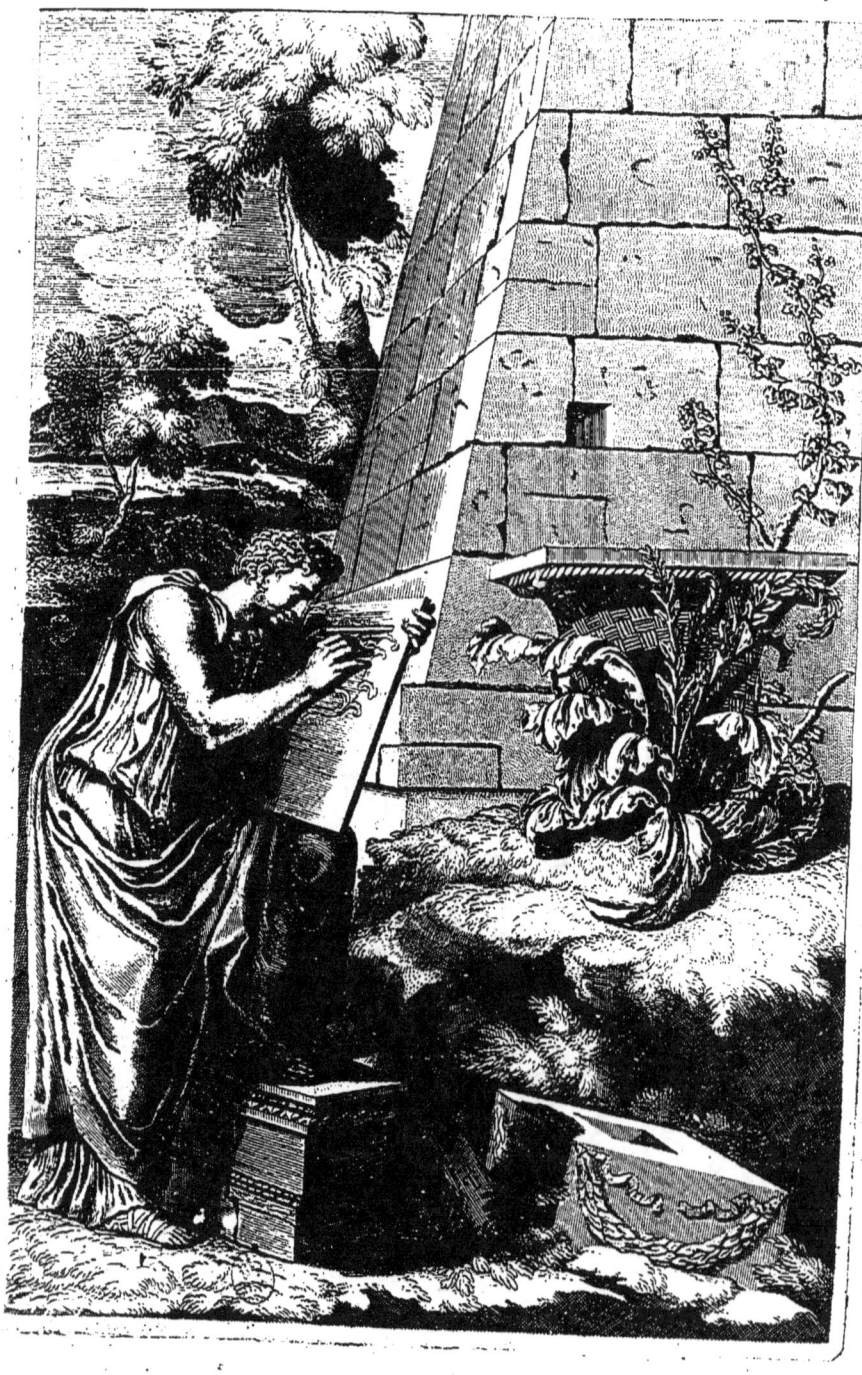

Profil Corinthien tiré du portique de la Rotonde à Rome.

CHAPITRE XXVII.

TOVTE la hauteur de l'ordre depuis la base iusqu'à la corniche monte à vingt & trois modules & deux tiers, desquels la colonne auec sa base & son chapiteau en contient dix-neuf ; & l'entablement quatre & deux tiers : de sorte que cét entablement (qui est l'architraue, frize, & corniche) a vn quart de sa colonne. Et quoy qu'il semblast assez raisonnable de suiure le sentiment de quelques autheurs qui ne luy en donnent qu'vn cinquié-me ; neantmoins on trouue que les antiques les plus celebres, comme nostre frontispice de Neron, & les trois colonnes de Campo vaccino à Rome, qui passent au iugement des Architectes pour le plus beau reste de l'antiquité, ont l'entablement d'vn quart tout entier. C'est pourquoy i'estime plus as-seuré de se tenir dans les bornes de nostre exemple de la Rotonde, de peur qu'en pensant rendre cét ordre plus égayé, il ne deuinst plus mesquin.

Voicy sa composition en general, & les mesures des principaux membres, dont le module est tousiours le demidiametre de la colonne, diuisé en tren-te minutes.

Toute la hauteur de l'ordre a vingt & trois modules & deux tiers, qui font en minutes ——————————————————710.

La base a precisément vn module ————————————30.

La tige de la colonne a quinze modules & deux tiers, moins deux minu-tes, ——————————468.

Le chapiteau a deux modules & vn tiers precisément, ————70.

L'entablement, c'est à dire l'architraue, frize & corniche, quatre modu-les, deux tiers, & deux minutes de plus, ——————142.

Pour ce qui est du menu détail de chaque partie, il seroit trop long & superflu de le specifier icy ; le dessein le montrera plus intelligiblement.

I'ay enseigné sur la fin du 2. chap. de ce liure, comment il faut faire le cal-cul d'vn ordre, pour examiner la proportion qu'a l'entablement auec sa co-lonne, & voir s'il est regulier : Ce ne sera pas vn temps perdu au lecteur d'en faire la preuue sur chaque profil. Mais ie l'auertis auparauant, qu'il y a trois sortes de proportions differentes toutes belles & qui peuuent conuenir à cét ordre Corinthien ; à sçauoir le Quart, comme en ce profil & au sui-uant : les deux Neufuiémes, qui sont la moyenne proportionnelle du Quart au Cinquiéme, comme au troisiéme profil, tiré des Thermes de Diocletian : & le Cinquiéme, comme aux profils de Palladio & de Scamozzi, lequel se rencontre plus rarement dans les antiques.

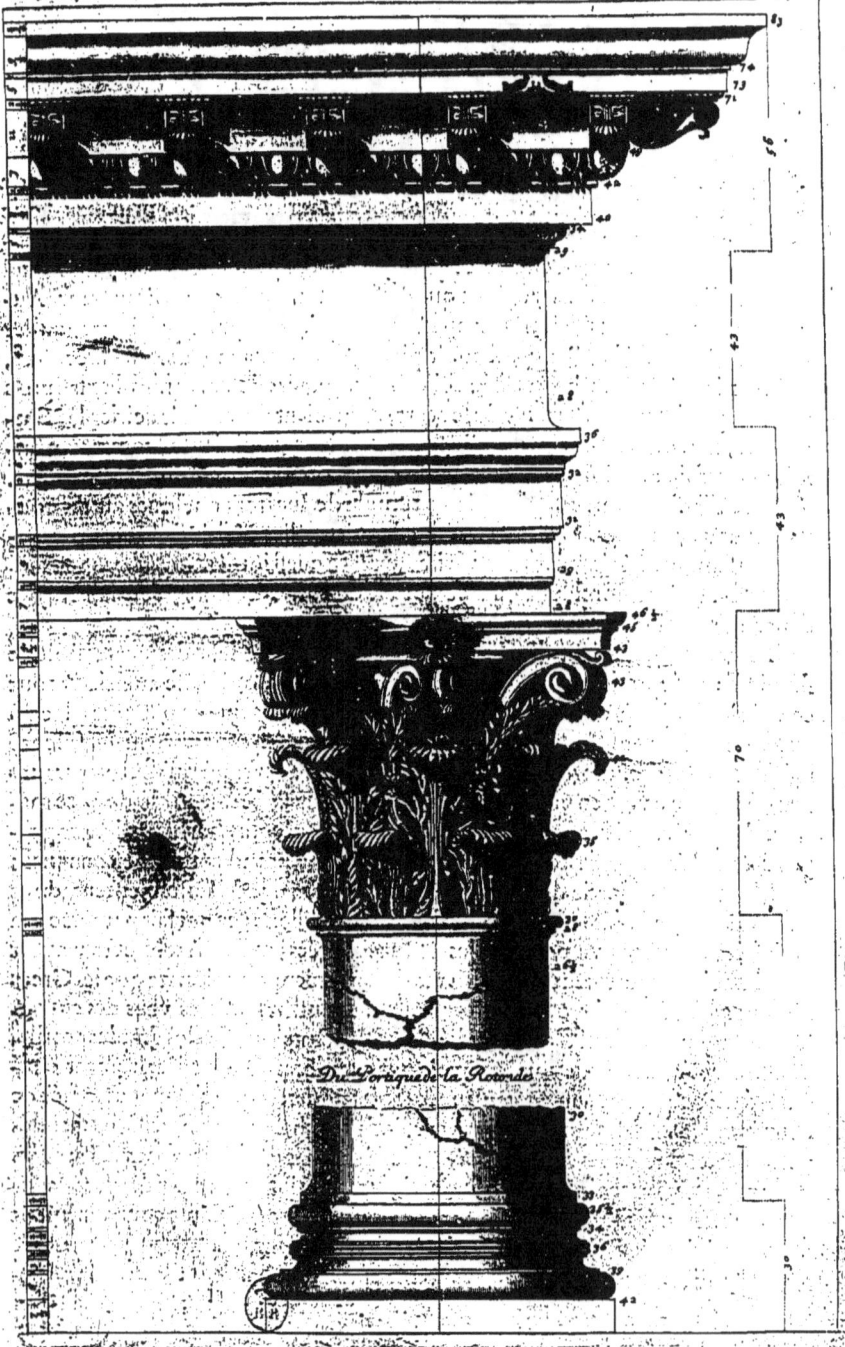

De l'ortique de la Rotonde

Eleuation perspectiue d'vn excellent profil Corinthien qui estoit au frontispice de Neron à Rome.

CHAPITRE XXVIII.

QVOY que cette piece d'Architecture fust vne des plus magnifiques de toute l'antiquité, tant pour l'excellence & la richesse de ses ornemens, que pour la grandeur de l'œuure; neantmoins ie n'ay iamais pû apprendre determinément quelle sorte d'edifice ce pouuoit estre, ny mesme sçauoir sous quel regne il fut basti; les vns voulant que ce fust vn temple que l'Empereur Aurelian auoit dedié au soleil, & les autres que ce n'estoit qu'vn palais particulier basti par Neron, dans lequel il auoit placé cét extrauagant colosse de bronze, qui mit les dernieres bornes à la folie des sculpteurs de ces temps-là, lesquels par vne profanation sacrilege de leur art, feignoient de vouloir deifier les Empereurs, en leur dressant des statuës d'vne grandeur prodigieuse, comme on faisoit autresfois aux Dieux, à qui cét honneur deuoit tousiours estre reserué. André Palladio estime que c'estoit vn temple de Iupiter; quelques autres coniecturent que ce pouuoit estre la maison des Cornelies; & ainsi chacun en pense diuersement. Mais puis que la verité de cette question est indifferente à nostre suiet, qui ne considere que ce qui est de l'Architecture, i'en laisseray le debat aux antiquaires.

Les colonnes auoient dix diametres de hauteur, & leur diametre estoit de six pieds; tellement que cette grandeur si excessiue, qui passe au delà de tout ce qui s'est basti à Rome deuant & depuis, me fait croire que ce pouuoit estre vn ouurage de Neron. La composition generale de ce profil est d'vne excellente idée, & chaque membre assez regulier. Au reste i'ay estimé qu'il estoit auantageux de le faire voir en perspectiue, pour monstrer l'effect terrible de cette maniere de dessein, qui mesme en papier, & sans exceder les bornes & les proportions que l'art a prescrites, represente à l'œil vne grandeur quasi estonnante; laquelle vient en partie de la proiecture extraordinaire de l'entablement, dont le larmier porte sa saillie fort loin au delà des modillons; ce qui fait paroistre à la verité les colonnes vn peu foibles & surchargées; mais l'Architecte y auoit iudicieusement pourueu, en se seruant de la maniere de colonate que les Grecs nommerent *Picnostylos*, où les colonnes se mettent fort prés les vnes des autres. Or parce que ceux qui n'ont estudié l'Architecture que sur des simples profils, pourroient s'estonner de voir icy quelques membres extraordinairement éloignez de leur proportion accoustumée, ie les aduertis que c'est par vn effect de l'Optique, laquelle ne monstre iamais à l'œil les choses auec precision, mais les va changeant selon les diuers aspects & les distances d'où elles sont veuës; & les membres qui en reçoiuent vne plus sensible alteration, sont ceux desquels la superficie est flexueuse & circulaire; comme la doucine qui fait le couronnement de la corniche, laquelle estant veuë d'embas, & estant encore la plus auancée sur le plan, reçoit vn notable accroissement de hauteur: la mesme raison aussi fait diminuer la colonne, parce qu'elle est plus auant dans la profondeur du plan, qu'aucun autre membre.

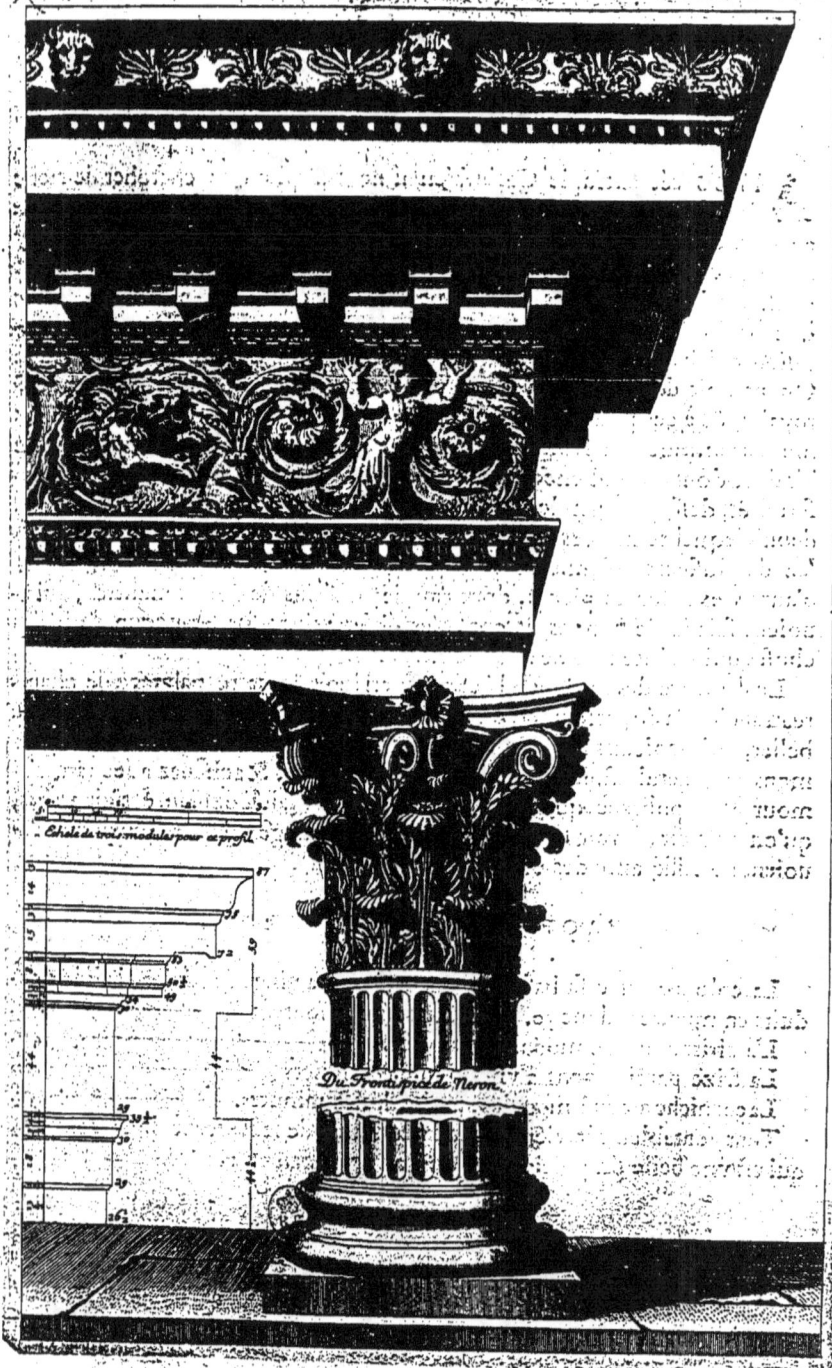

Echei de trois modules pour ce profil.

Du Frontispice de Neron.

Autre profil Corinthien tres-riche & tres-chargé d'ornemens, tiré des
Thermes de Diocletian à Rome.

CHAPITRE XXXIX.

APRE'S cét exemple Corinthien il ne faut plus rien chercher de riche
dans l'Architecture, mais il n'appartient qu'aux iudicieux de le mettre
en œuure, car l'abondance des ornemens n'est pas toûsiours estimable, ny
auantageuse à vn edifice ; au contraire à moins que le suiet y oblige par des
considerations tres-fortes, il ne faut iamais en faire de profusion, parce
qu'ils embroüillent les sacomes, & font naistre entre les membres vne confusion qui blesse l'œil des sçauans, & qui est antipathique au nom d'ordre.
On ne doit donc l'employer qu'aux grands ouurages publics, aux maisons
royales, & à ces palais qui se bastissent seulement par magnificence : comme anciennement à Rome les Thermes de Diocletian, d'Antonin, & de
Traian, dont on void encore de si superbes vestiges, & où ce profil fut obserué & desseigné par le fameux antiquaire Pyrro Ligorio en l'année 1574.
depuis lequel temps ces grands theatres d'Architecture ont esté déman-
telez de plusieurs colonnes auec tous leurs ornemens, & d'vn bon nombre
d'autres excellentes pieces, dont i'ay des desseins de diuers maistres, qui a-
uoient fait là de bonnes & curieuses obseruations sur beaucoup de belles
choses qui maintenant ne s'y trouuent plus.

　　Le diametre des colonnes de ce profil arriuoit à quatre palmes : le chapiteau auoit cela de particulier, que ses caulicoles estoient en façon de cornes de
belier, mais auoit au reste la proportion & le feüillage ordinaire. Tous les ornemens en general estoient si artistement elabourez, & acheuez auec tant d'a-
mour & de politesse, que Pyrro Ligorio en ayant fait le dessein, écriuit au bas,
qu'on eust dit, à voir la delicatesse de cét oüurage, que les sculpteurs l'a-
uoient trauaillé auec des outils musquez.

PROPORTIONS DE L'ORDRE.

　　La colonne auec sa base & son chapiteau a vingt modules, lesquels re-
duits en minutes, dont 30. font le module, montent à ───────600.
　　L'architraue a vn module & vn tiers ──────────40.
　　La frize pareillement a vn module & vn tiers ─────── 40.
　　La corniche a deux modules, moins huict minutes. ─────52.
　　Tout l'entablement vient à deux neufiémes de la hauteur de la colonne,
qui est vne belle proportion, & qui fait tres-bien en œuure.

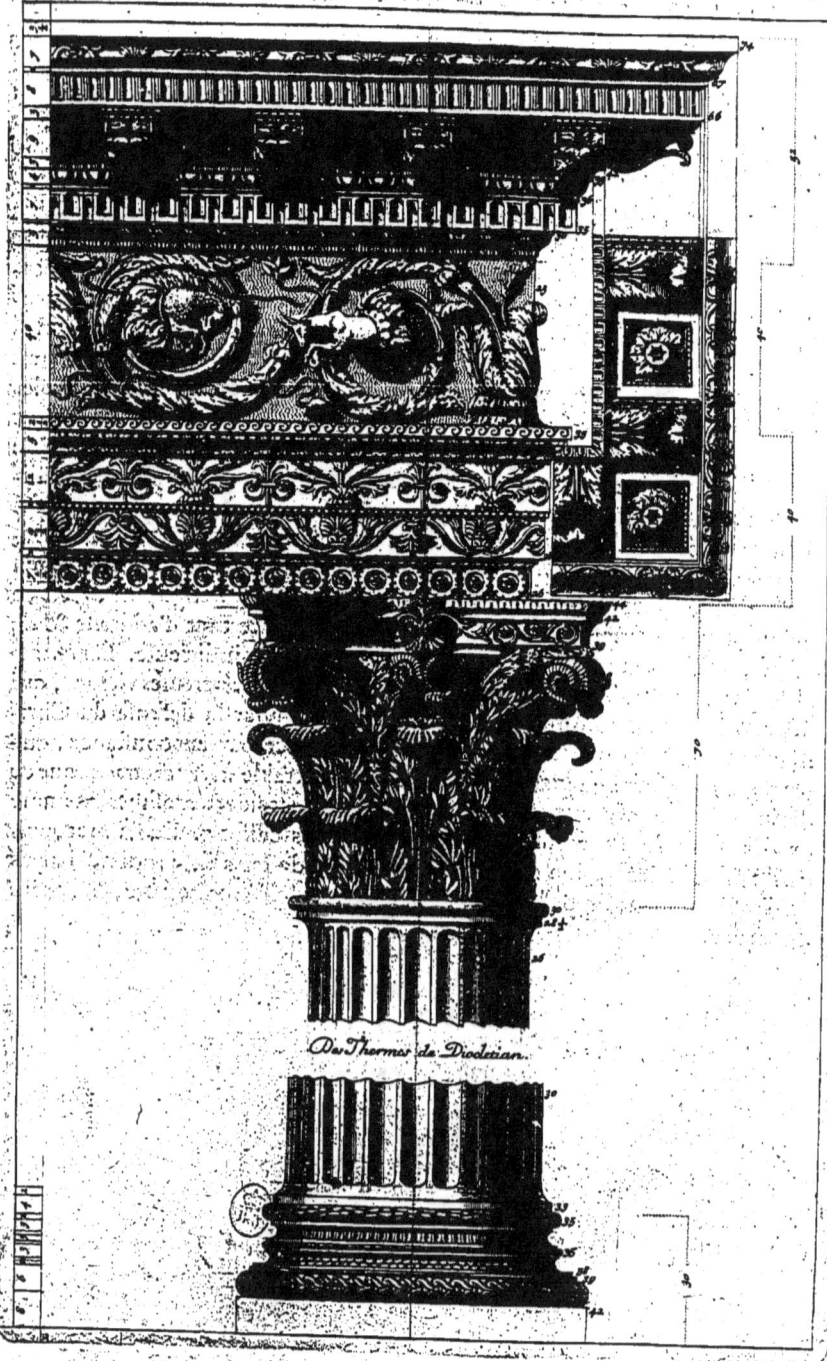

Des Thermes de Diocletian.

Profil Corinthien du Temple de Salomon, tiré de Vilalpandus.

CHAPITRE XXX.

VOICY vne efpece d'ordre particuliere, mais d'vne excellente compofition : & quoy que ie n'oze pas affeurer que ce profil foit precifément le mefme que celuy du temple de Salomon, (qui eft le modele que ie me fuis propofé) neantmoins autant qu'on peut approcher de cette diuine idée par la defcription qui en paroift dans la Bible, & en quelques hiftoriens celebres que Vilalpandus rapporte en fon grand ouurage, où les ornemens & toutes les principales proportions de chaque membre font exactement fpecifiées, ie croy qu'il luy eft affez conforme. La compofition en eft toute Corinthienne, quoy que les feüillages du chapiteau & fes caulicoles foient de palmes, & que la frize de l'entablement ait emprunté l'ornement Dorique, qui font des trigliphes, la folidité defquels n'a pas beaucoup de conformité auec la delicateffe Corinthienne. Mais quelque nom qu'on veüille donner à cét ordre, (neantmoins Iofephe dit que c'eftoit le Corinthien) il eft affeuré qu'il n'y en a iamais eu de plus parfait; & bien que le Corinthien foit vn ordre tendre & virginal, lequel ne demande pas cette fermeté & virilité Dorique, qui nous eft fymbolifée par les trigliphes; fi eft-ce qu'on peut en certaines occafions l'y introduire auec tant d'addreffe & de raifon, qu'elle fera non feulement excufable, mais tres-iudicieufe. Par exemple, ayant à conftruire des eglifes ou des autels à ces genereufes vierges, qui dés leur ieuneffe fouftinrent la cruauté des tyrans pour la defenfe du Chriftianifme, & furmonterent toutes fortes de fupplices par leur conftance, que peut-on imaginer de plus expreffif, & de plus fortable à leur courage, que ce diuin ordre ? Il peut encore auoir lieu en quelques fuiets profanes, comme en des Arcs de triomphe, & autres femblables edifices. En vn mot, puis qu'il faifoit la decoration de ce fameux temple de Ierufalem, qui n'a iamais eu d'égal, on peut l'appeller auec raifon la fleur de l'Architecture, & l'ordre des ordres.

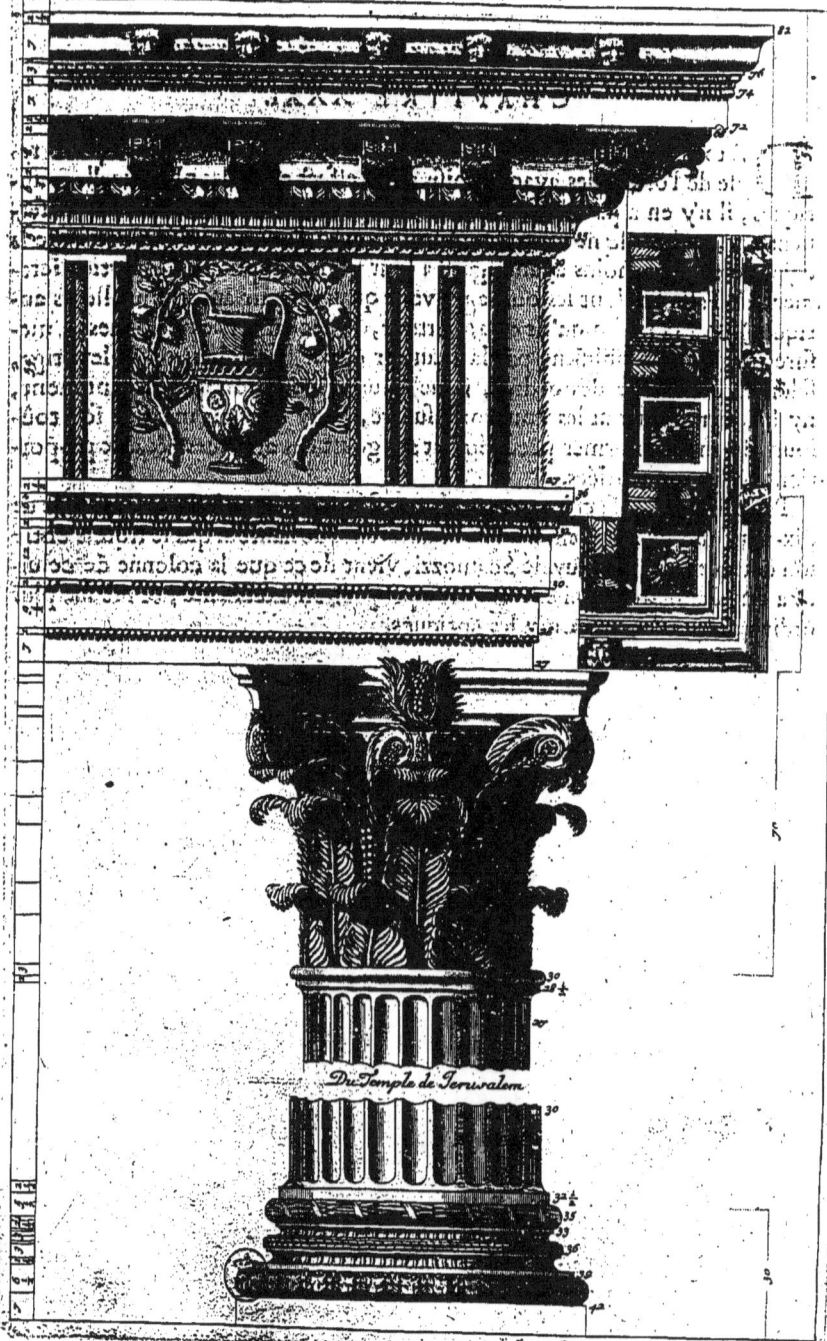

Du Temple de Ierusalem

PALLADIO & SCAMOZZI sur l'ordre Corinthien.

CHAPITRE XXXI.

DE tous les exemples Corinthiens que i'ay cy-deuant donnez pour regle de l'ordre, les ayant choifis à cét effect entre les plus excellens antiques, il n'y en a pas vn feul de la proportion que ces deux maiftres obfer-
uent icy, qui eft de ne faire l'entablement que d'vne cinquiéme partie de la
colonne : Neantmoins ayant égard à leur grande reputation, (particulierement de Palladio dont les ouurages vont quafi du pair auec les meilleurs antiques) & à la raifon qu'ils en apportent, de décharger les colonnes à mefure qu'elles s'affoiblifent par la hauteur & par la diminution de leur tige,
felon la délicateffe des ordres, ie ne fçaurois contredire à leur fentiment,
ny blafmer ceux qui les voudront fuiure, quoy que ma maxime foit toûiours de me conformer precifément au gouft des antiques, & aux proportions qu'ils ont gardées.

Palladio ne fait fa colonne que de neuf diametres & demy, c'eft à dire de
dix-neuf modules; tellement que la difference de hauteur qui fe trouue entre
fon entablement & celuy de Scamozzi, vient de ce que la colonne de celui-
cy a dix diametres ; qui eft auffi vne proportion excellente, & mefme plus
ordinaire que l'autre parmy les antiques.

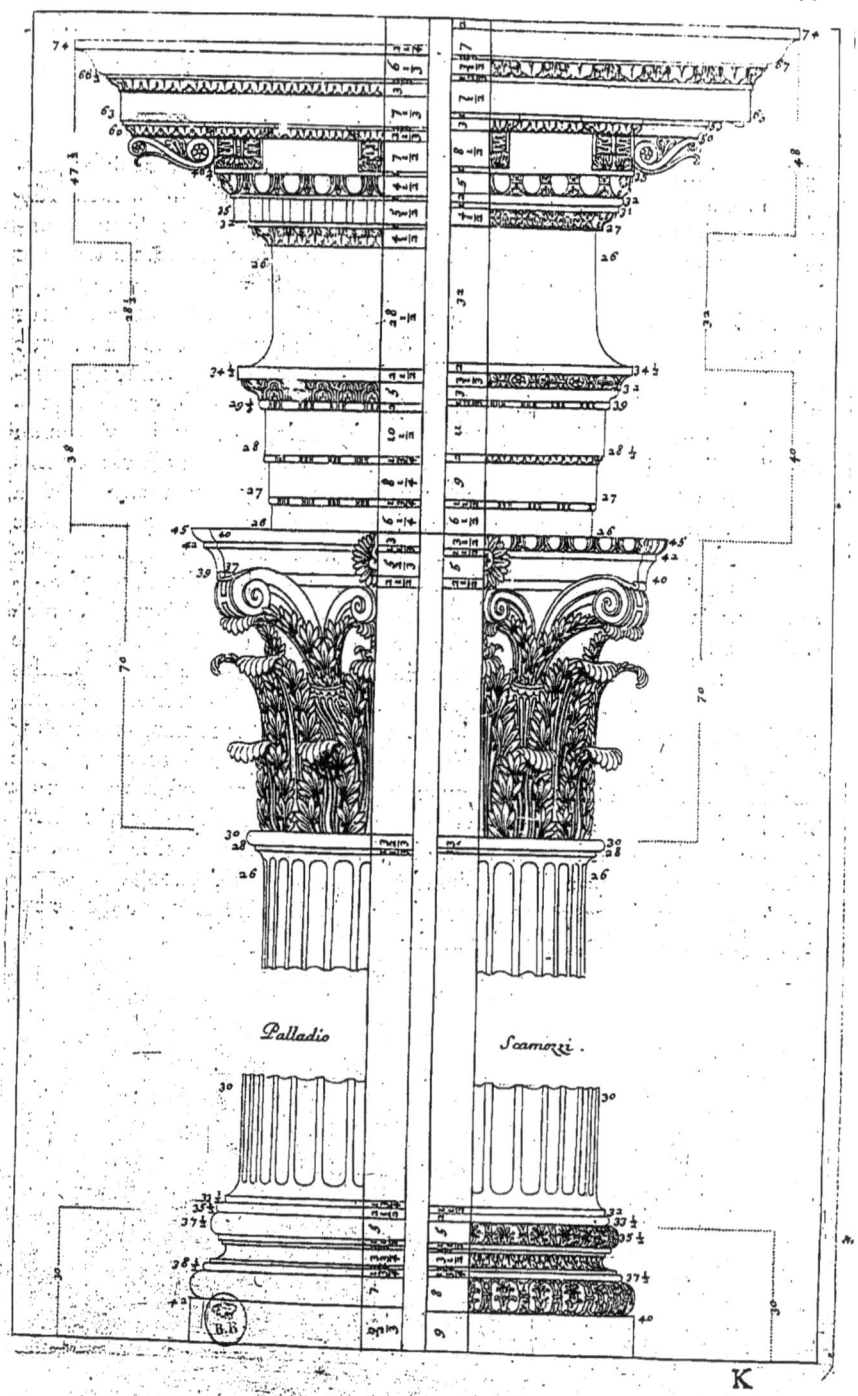

Palladio

Scamozzi.

K

SERLIO & VIGNOLE fur l'ordre Corinthien.

CHAPITRE XXXII.

IL me femble voir vn geant auprés d'vn pygmée, tant il y a de difpropor-
tion entre ces deux maiftres : & la raifon de cette inégalité fi extraordinaire prouient de deux caufes ; la premiere eft que Serlio ne donne à l'entablement de fon profil qu'vne cinquiéme partie de la colonne, au lieu que
Vignole fait le fien d'vn quart tout entier, & excede mefme encore de quelques minutes : la feconde eft que Serlio fuiuant Vitruue, ne fait la hauteur
de fa colonne que de neuf diametres, & Vignole luy en donne dix ; ce que
i'auois remarqué defia cy-deuant en l'ordre Ionique, où le mefme inconuenient s'eftoit auffi rencontré. Mais quoy que la difference de ces deux profils dans le general foit notablement confiderable, neantmoins venant au
détail, celle qui fe trouue aux chapiteaux eft d'vne plus grande confequen-
ce, parce qu'il faut neceffairement condamner celuy que Vitruue nous a
prefcrit en fon 4. liure fur la fin du 1. chapitre, n'y ayant point d'apparence
de le preferer tout feul à vn nombre prefque innombrable de tres-excellens
modeles qui font reftez des antiques, entre lefquels il ne s'en rencontre aucun dans les mefmes termes où il a reduit la hauteur du fien ; fi ce n'eft
qu'ayant égard à l'authorité de ce graue autheur, qui doit eftre reuerée de
tous ceux de la profeffion, & pour éuiter auffi le nom de Critique, nous
choififfions vne voye plus douce, qui eft d'eluder cette queftion, à l'exemple de quelques-vns, qui ayant defia auparauant nous remarqué le mefme
mécompte, ont eftimé (ou en effect, ou par modeftie) que le texte auoit efté
corrompu en ce lieu là, auffi bien qu'en beaucoup d'autres, où l'alteration eft
manifefte ; fi bien qu'en aydant vn peu au fens, on peut fuppofer que Vitruue en nous defignant la hauteur du chapiteau Corinthien par la largeur du
diametre de fa colonne, il n'a point deu y comprendre l'abaco ; qui eft toute l'equiuoque de ce paffage, lequel a befoin de correction, ou d'eftre entendu d'vne autre forte que n'a fait Serlio.

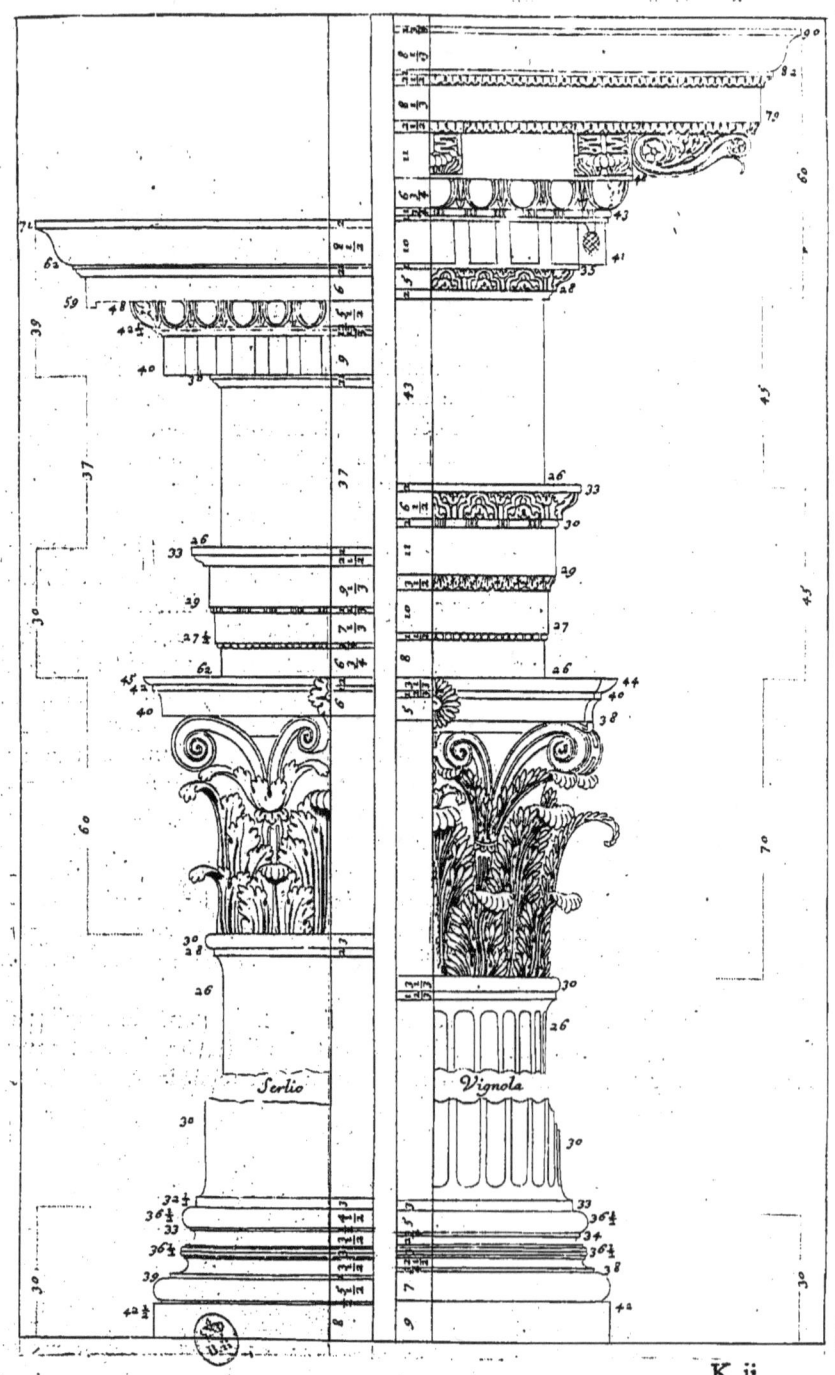

Serlio

Vignola

DANIEL BARBARO, & P. CATANEO sur l'ordre Corinthien.

CHAPITRE XXXIII.

DES quatre ordres de l'Architecture dont Vitruue a fait seulement la description, (car il n'a rien dit du Composite qui est le cinquiéme) celuicy me semble le plus foiblément traité, eu égard à la noblesse & à la magnificence de ses inuenteurs, qui n'ayant rien épargné à le rendre riche, & excellent par dessus les autres, n'auoient garde d'emprunter aucune chose de ceux auec lesquels ils alloient en concurrence. I'estime donc que Vitruue n'a pas eu raison, au commencement de son 4. liure, de dire qu'ils employerent l'entablement & la colonne Ionique, & quelquesfois mesme la Dorique, sans y adiouster autre chose que le chapiteau de leur inuention ; veu que les exemples des antiques sur cét ordre, font voir le contraire. Mais le R. Daniel Barbaro son commentateur, duquel voicy le dessein, n'a aucune part en ce reproche, n'ayant eu pour but que d'exprimer l'intention du maistre qu'il expliquoit, dequoy il s'est tres-dignement acquitté.

Il a donc accommodé à ce profil Corinthien l'entablement Ionique, & a fait le chapiteau de feüilles d'acante, conformément à la description & à l'histoire de son origine, que Vitruue a rapportée. Ie ne conseillerois pas neantmoins à vn ouurier de se seruir de cette composition, sans considerer auparauant la proportion relatiue que doit auoir l'entablement au total de l'ordre, que ie trouue icy notablement alteré, & beaucoup moindre qu'il ne deuroit estre, à cause de l'exhaussement considerable que la colonne a receu par la hauteur du chapiteau Corinthien, qui a deux tiers plus que l'Ionique : à quoy on peut remedier faisant la frize plus grande, & adioustant quelque nouuelle mouleure à la corniche entre le larmier & les denticules, comme pourroit estre vn quart de rond pour y entailler des oues.

Le dessein de Cataneo n'a rien qui merite d'estre remarqué, sinon la saillie extrauagante qu'il a donnée à la bande de ses denticules, laquelle est encore au dessein de D. Barbaro. Ils ont suiui en cela cette maxime qui regle la proiecture de chaque membre à sa hauteur, mais elle n'est pas tousiours receuable.

Ce que i'ay dit en la feüille precedente touchant la hauteur du chapiteau selon Vitruue, seroit icy vne repetition superflue ; il seruira donc & pour ceux-cy, & encore pour tous les autres suiuans qui tiennent la mesme secte.

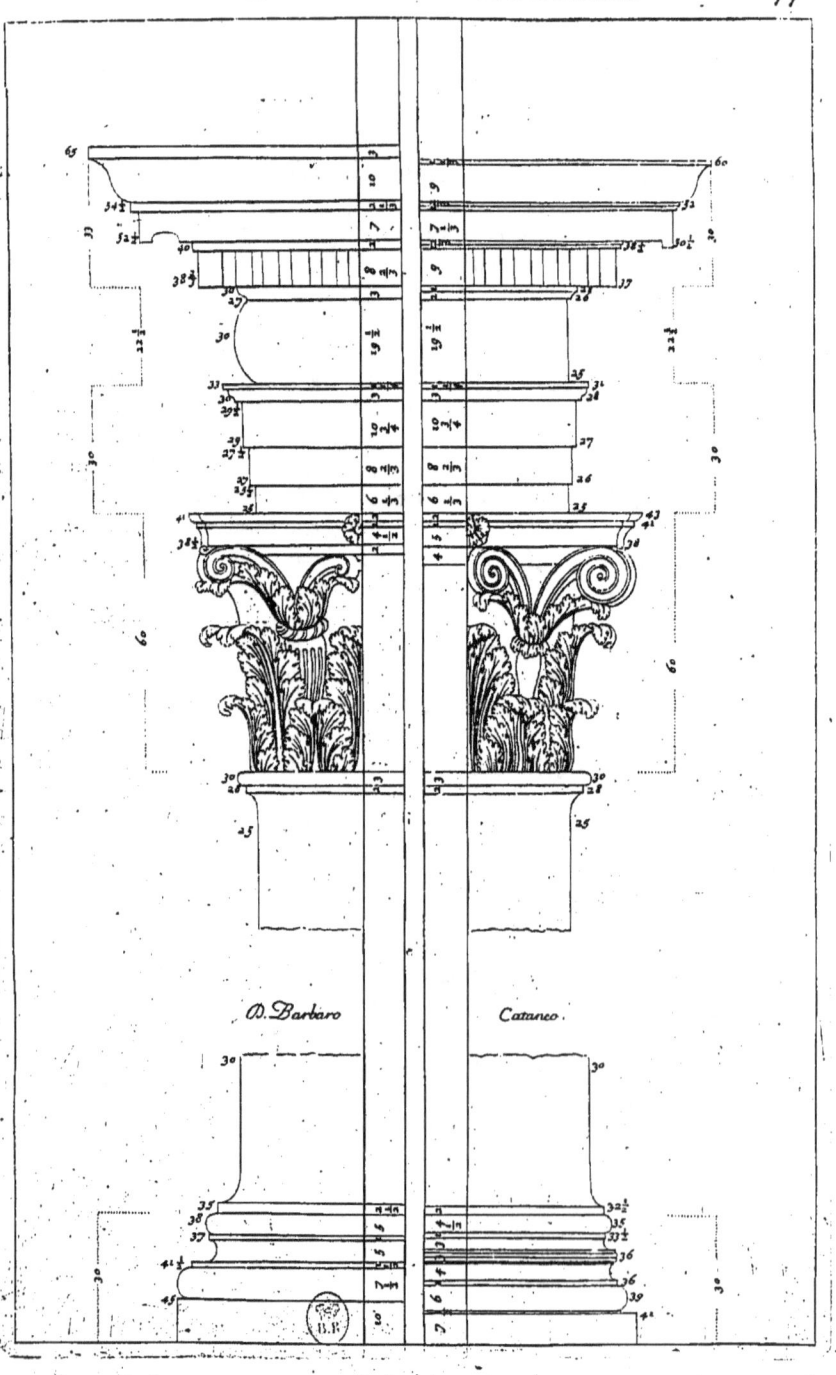

D. Barbaro   Cataneo.

L. Baptiste Alberti, & Ioseph Viola fur l'ordre Corinthien.

CHAPITRE XXXIV.

IE n'ay icy à examiner que le deſſein d'Alberti, celuy de ſon compagnon
Viola n'eſtant qu'vne imitation , ou pluſtoſt vne vraye copie aprés le profil de Palladio, que nous auons deſia veu, auquel ie renuoye le lecteur comme à ſon original.

Pour ce qui eſt de L. B. Alberti, ie voy deux choſes notables en ſon deſſein,
& quaſi dignes de reprehenſion. La premiere eſt la proportion baſſe du chapiteau , qui n'eſt pardonnable qu'aux ſectateurs de Vitruue ; car il ne s'en trouue aucun exemple parmy les antiques, veu meſme qu'il ſuit vne maniere plus
grande & plus noble que la Vitruuiane. L'autre choſe que i'y remarque eſt
en ſa corniche, à laquelle il n'a point donné de larmier, qui eſt neantmoins
vn membre eſſentiel, & des principaux de l'entablement. Mais quoy que
cette licence ſoit vn peu hardie, & peut-eſtre meſme reprehenſible, ſi eſt-ce
qu'il y en a vn exemple tres-conſiderable à Rome, en la corniche de ce fameux temple de la Paix, baſti par l'Empereur Veſpaſian, qui eſt vne des plus
grandes, & des plus ſuperbes reliques de l'antiquité.

Il me ſemble encore que la face des modillons eſt trop large, & de plus,
que le feüillage qui va regnant en la frize, n'a pas aſſez de conformité auec
la corniche, laquelle eſt trop ſimple pour vn ornement ſi riche. Mais il eſt
aiſé d'y remedier, en adiouſtant quelques feüilles, ou d'autres entailles ſur les
doucines de la corniche, & de l'architraue, auec des oues ſur le quart de
rond : ſi ce n'eſt qu'on n'ayme mieux épargner l'ouurage, en retranchant à
la frize ſon ornement. Il y aura neantmoins touſiours cela à redire en ce deſſein , que l'autheur s'eſtant voulu pluſtoſt arreſter au chapiteau de Vitruue
qu'à ceux des antiques, il ne deuoit point le découper à feüilles d'oliue, puis
que Vitruue y ordonne expreſſément des feüilles d'acante.

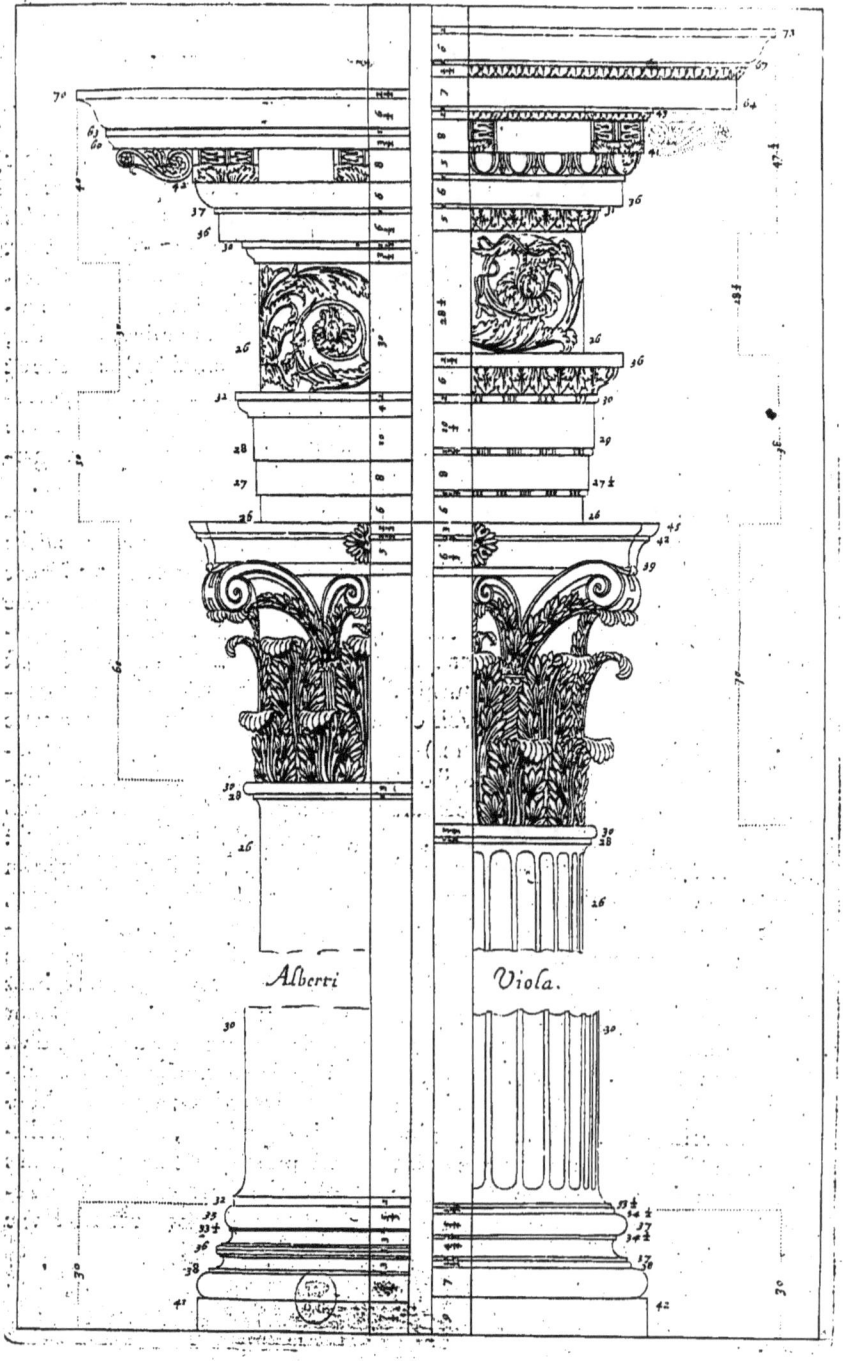

Alberti.   *Viola.*

BVLLANT & DE LORME fur l'ordre Corinthien.

CHAPITRE XXXV.

IE ferois tort au premier de nos Architectes François Iean Bullant, fi par
l'examen de ce profil ie voulois le mettre au mefme rang que ceux de l'é-
chole de Vitruue, parce qu'en fuite de celui-cy il en donne d'autres d'vn plus
grand ftile, qu'il a tirez de l'antique: mais ne l'ayant pas trouué affez exact aux
mefures qu'il leur donne, ie les ay laiffez. Il paroift en ce deffein qu'il a imité Serlio, car la difference de l'vn à l'autre eft tres-peu fenfible. Ie remarque neantmoins en celui-cy quelque chofe de plus purgé, comme la faillie des denticules,
(ou de cette platte-bande fur laquelle ils deuroient eftre entaillez) laquelle eft
fort reguliere, au lieu que Serlio l'a faite exceffiue, outre la repetition importu-
ne d'vne petite doucine qui eft trois fois dans le feul efpace de la corniche, ce
que Iean Bullant a eu la confideration de diuerfifier. Il donne auffi plus de gar-
be à fon chapiteau, dont les feüilles & les caulicoles font mieux contournez.

I'aurois fouhaitté pour la conclufion de noftre ordre Corinthien, que de Lorme nous euft donné vn deffein plus regulier & d'vn meilleur gouft: mais ce
bon homme, quoy que ftudieux & amateur de l'Architecture antique, auoit
neantmoins vn genie moderne qui luy a fait voir les plus belles chofes de Rome
comme auec des yeux Gothiques: ce qui paroift bien en ce profil, lequel il pretend eftre conforme à ceux des chapelles de la Rotonde. Au refte fon ftile eft
tellement embroüillé, qu'il eft fouuent affez difficile de comprendre fon intention. Le lecteur aura du plaifir à voir comment il s'explique fur le fuiet de cette
corniche, (c'eft au 4. chap. du 6. liu.) car aprés auoir quotté piece à piece toutes les mefures de chaque membre, il dit, que touchant la hauteur de l'architraue il l'auoit diuifée en quarante-trois parties & demye, pour donner les mefures
à chaque chofe, mais cela ne venant pas bien à propos il n'en dira autre chofe:
ce font là fes propres termes. Quant à la bafe de ce profil, ie l'ay prife fur la fin
du 2. chap. du mefme liure; & quoy que fa modenature foit fort extraordinaire,
il dit neantmoins l'auoir deffeignée & mefurée aprés des veftiges fort antiques; (ce font encore fes propres mots.) De plus il faut prendre garde que
les vrilles, ou caulicoles de deffous les rofes de l'abaco, montent trop haut
en ce chapiteau. Enfin le talent de cét Architecte, qui ne laiffe pas d'auoir
acquis beaucoup de reputation, confiftoit principalement en la conduite d'vn
baftiment; & de vray il eftoit plus confommé en la connoiffance de la taille & coupe des pierres, que dans la compofition des ordres; auffi en a-t'il é-
crit plus vtilement, & bien plus au long: mais depuis luy, & tout fraifche-
ment, le fieur Defargues Lyonnois, vn des premiers & des plus fubtils
Geometres de ce temps, le genie duquel fe plaift à rendre vtiles & familie-
res les plus excellentes fpeculations de la Geometrie, a porté cét art à vne
plus haute perfection.

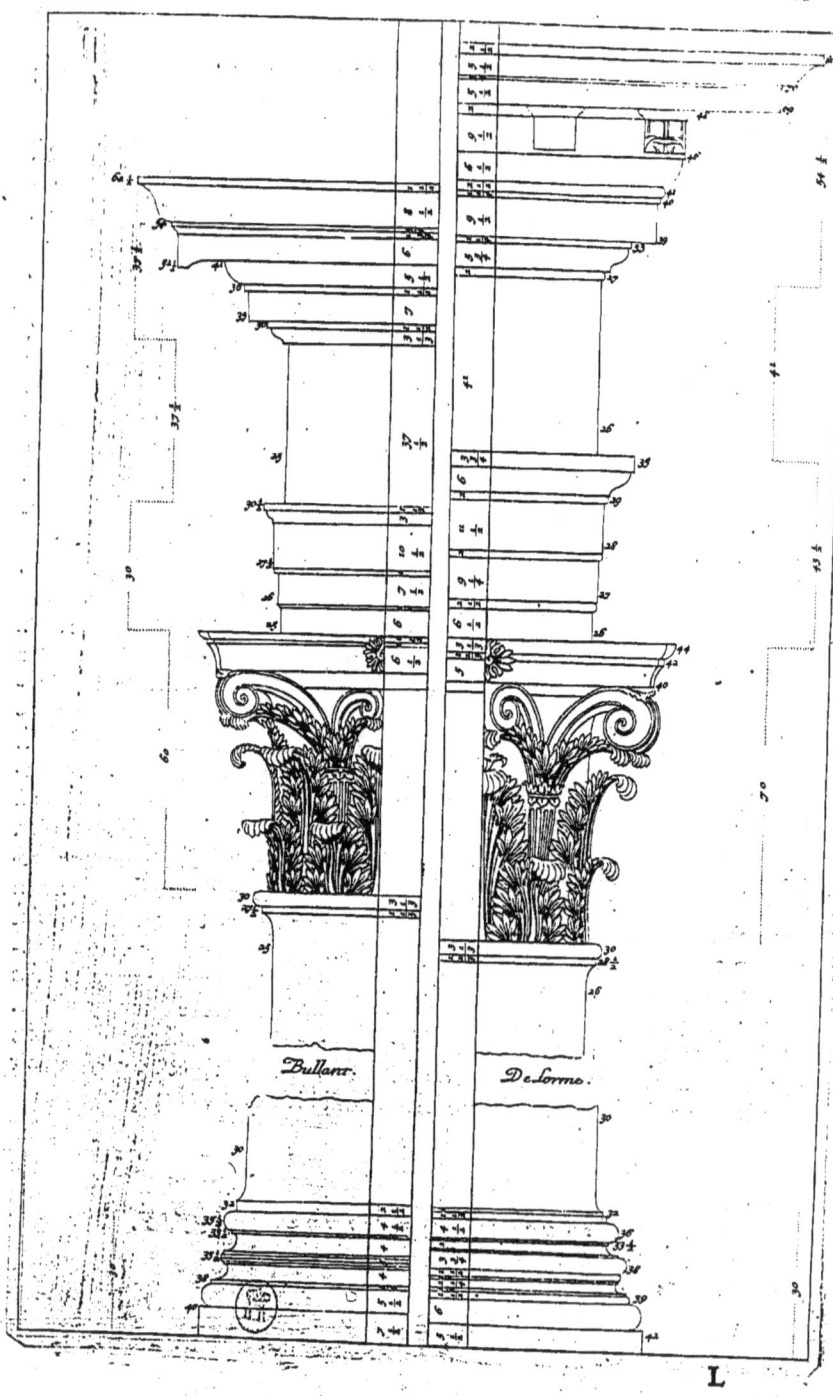

Bullanr.   DeLorme.

L

Orthographie d'vn des autels de la Rotonde.

CHAPITRE XXXVI.

POVR ne laiſſer point l'eſprit du lecteur embaraſſé parmy les modernes, & peut-eſtre encore déuoyé du droit chemin de l'Architecture, ie vais luy mettre deuant les yeux, vn échantillon du plus beau temple de l'antiquité, qui eſt vn des tabernacles de la Rotonde; afin qu'il reuienne à cette noble & parfaite idée de l'art, que ie luy ay touſiours propoſée au commencement de tous les ordres, par des exemples ſemblables; ſur leſquels comme ſur des fondemens inébranlables, il doit eſtablir & arreſter ſes eſtudes: car les écrits des modernes, à cét égard là, ne ſont qu'vne terre remuée de frais, & vn mauuais fonds, ſur quoy on ne peut baſtir rien de ſolide. Mais parce que i'ay cy-deuant aſſez parlé des modenatures & des proportions Corinthiennes, & que ce deſſein eſt trop petit pour ſeruir à cét effect, ie toucheray ſeulement icy deux ou trois choſes, qui concernent plus la compoſition generale du deſſein, que la regularité de l'ordre; dont la premiere eſt, que maintenant c'eſt comme vne mode, ou pluſtoſt vne manie vniuerſelle, de n'eſtimer beau que ce qui eſt tout remply & ſurchargé d'ornemens de toutes ſortes, ſans choix, ſans diſcretion, & ſans conuenance ny à l'ouurage, ny au ſuiet: tellement que cette compoſition d'autel ſera eſtimée tres-pauure, au iugement de nos petits maiſtres à la mode, qui pour l'enrichir, au lieu que le frontiſpice n'eſt ſouſtenu que d'vne colonne à chaque coſté, y en feroient vne pile de quatre ou ſix, & peut eſtre de dauantage, auec deux ou trois reſſautemens des mouleures de la corniche, afin de rompre la ſuite & l'alignement des membres, dont la regularité leur eſt ennuyeuſe. Ce ſeroit auſſi trop peu pour eux d'vn fronton, ils y en aiuſtent deux aſſez ſouuent, & quelquefois trois, tous l'vn dans l'autre. Ils n'eſtiment pas encore, qu'vn fronton ſoit beau s'il n'eſt brizé & lambrequiné de quelque écuſſon, ou bien d'vn cartouche. Les colonnes meſme, qui ſont le ſoûtien & le fondement des ordres, ne ſont pas plus épargnées que le reſte; on les contrefait non ſeulement en leurs chapiteaux, & en leurs baſes, mais encore dans leur fuſte; car maintenant c'eſt vn trait de maiſtre, de faire vne tige de colonne torſe ou entortillée d'anneaux, ou de quelques ligatures capricieuſes, qui les font paroiſtre remaſtiquées & reſtaurées. Enfin on peut dire que la pauure Architecture eſt mal traittée. Mais il ne faut pas en imputer le plus grand reproche à nos ouuriers François; car les Italiens ſont maintenant encore plus licentieux, & font bien voir que Rome a preſentement ſes modernes auſſi bien que ſes antiques.

FIN DE LA PREMIERE PARTIE.

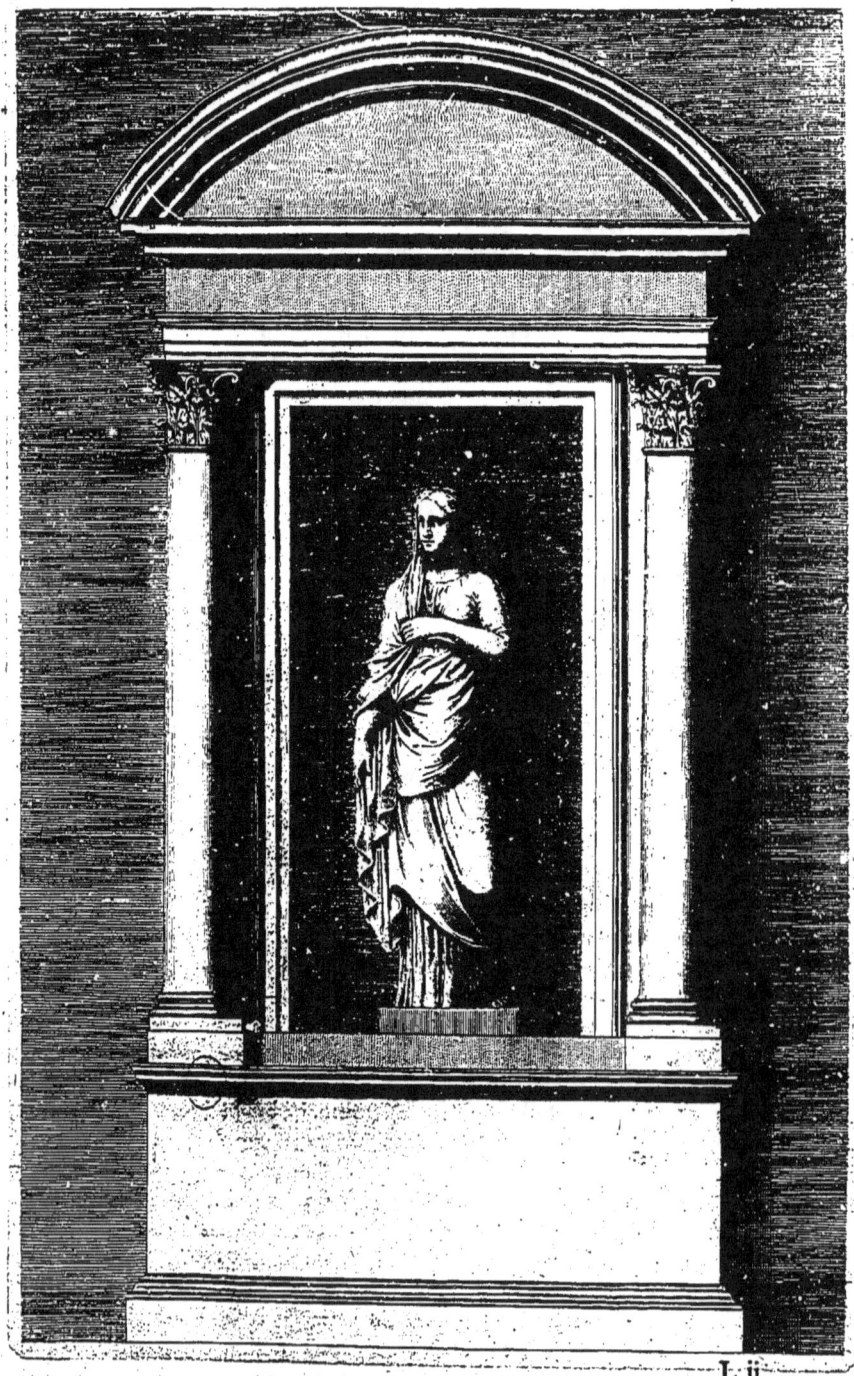

PARALLELE DE L'ARCHITECTVRE ANTIQVE AVEC LA MODERNE.

SECONDE PARTIE.

DE L'ORDRE TOSCAN.

CHAPITRE PREMIER.

C'EST vn abus si visible en l'Architecture des modernes, d'auoir confondu les ordres Grecs parmy les ordres Latins, que ie m'estonne de l'inaduertance generale de tant d'autheurs, qui écriuant de leurs symmetries, & du détail de leurs proportions, les ont disposez en sorte, que l'on void bien qu'ils ignoroient leurs proprietez, & la difference de leurs especes ; sans quoy neantmoins il est assez difficile de s'en seruir iudicieusement. I'en auois desia touché quelque chose en l'auant-propos de la premiere partie de ce traitté, pour preparer le lecteur au nouuel ordre que ie tiens icy, lequel estant tout contraire à la commune opinion, & à la pratique courante, aura de la peine à s'établir, & sera sans doute bien contesté. Mais comme les fondemens de cét art sont principalement establis sur les exemples qui nous en restent de l'antiquité, i'espere qu'auec le temps mon opinion aura lieu, puis que ie ne marche que sur ses traces, & que ie montre plustost la chose que ie ne la dis.

Iusqu'à cette heure tous les Architectes ont estimé que l'ordre Toscan estoit vne espece de bastiment, qui ne differe des autres que par la simplicité de ses mouleures, & par la solidité de ses parties ; mais au reste, composé des mesmes membres, & de mesme vsage. Ce que i'aurois tort de condamner, puis que Vitruue en son 4. liure a fait vn chapitre particulier de la maniere de bastir des temples à la Toscane. Neantmoins de quelque sorte qu'on

puiſſe expliquer ce qu'il en dit, il eſt touſiours difficile de ſe former vne bonne idée de l'entablement qui doit poſer ſur les colonnes. C'eſt pourquoy i'eſtime que la ſeule piece de cét ordre, qui merite d'eſtre miſe en œuure, & qui le peut rendre recommandable, c'eſt la colonne ſans aucune architraueure, comme nous voyons que les antiques l'ont employée: car au lieu que dans l'vſage ordinaire, elle ne tient que le dernier rang, ces grands maiſtres luy ont donné vne place indépendante des autres, & l'ont ſi auantageuſement traittée, qu'elle peut entrer en parangon de beauté & de nobleſſe auec tous les ordres. Ce qui n'aura point à mon auis de conteſtation, lors qu'on aura bien conſideré le fameux exemple que i'en rapporte de la colonne Traiane, vn des plus ſuperbes reſtes de la magnificence Rōmaine, qu'on void encore auiourd'huy en pied, & qui a plus immortaliſé l'Empereur Traian, que toutes les plumes des hiſtoriens. Ce mauſolée, ſi nous le pouuons nommer ainſi, luy fut erigé par le Senat, & par le peuple Romain, en reconnoiſſance des grands ſeruices qu'il auoit rendus à la patrie ; & afin que la memoire en fuſt preſente à tous les ſiecles, & qu'elle duraſt autant que l'Empire, ils voulurent qu'on les grauaſt ſur le marbre, du plus riche ſtile qui ait iamais eſté employé : l'Architecture fut l'hiſtoriographe de ce nouueau genre d'hiſtoire ; & parce qu'elle deuoit preconiſer vn Romain, elle ne ſe ſeruit pas des ordres Grecs, quoy qu'ils fuſſent incomparablement plus parfaits, & plus en vſage, dans l'Italie meſme, que les deux autres originaires du pays; de peur que la gloire de ce monument admirable, ne ſe trouuaſt en quelque façon partagée ; & pour faire voir auſſi qu'il n'y a rien de ſi ſimple, que l'art ne ſçache perfectionner. Elle choiſit donc la colonne de l'ordre Toſcan, qui iuſques alors n'auoit eu place que dans les choſes groſſieres & ruſtiques ; & de cette maſſe informe, elle en fit naiſtre le plus riche & le plus noble chef-d'œuure du monde, que le temps a épargné & conſerué tout entier iuſqu'à cette heure, au milieu d'vne infinité de ruines dont Rome eſt remplie. Et c'eſt comme vne merueille, de voir que le Coliſée, le Theatre de Marcellus, ces grands Cirques, les Thermes de Diocletian, de Caracalla, & d'Antonin, ce ſuperbe mole de la ſepulture d'Adrian, le Septizone de Seuerus, le Mauſolée d'Auguſte, & tant d'autres edifices, qui ſembloient eſtre baſtis pour l'eternité, ſoient maintenant ſi caducs & ſi delabrez, qu'à peine peut-on remarquer leur ancienne forme : quoy que neantmoins noſtre colonne Traiane, dont la ſtructure ſembloit beaucoup moins durable, ſoit reſtée en pied, par vne ſecrete prouidence, qui deſtinoit ce miraculeux obeliſque, au plus grand monarque que Rome ait iamais porté, le chef de l'Egliſe ſainct Pierre, qui tient maintenant la place de l'Empereur, auquel elle auoit eſté dreſſée. Mais pour ne m'écarter point de mon ſuiet, qui eſt ſeulement d'en faire la deſcription ſuiuant le deſſein de l'Architecte qui en fut l'autheur, ie laiſſeray aux contemplatifs, la moralité qu'on peut tirer de cette viciſſitude ſi eſtrange, laquelle ſeroit icy vn diſcours hors de propos, & tres-inutile à l'art dont il eſt queſtion.

Reuenons donc à noſtre colonne, & à ſon vſage ſingulier entre tous les autres ordres de l'Architecture, où les colonnes, au reſpect de celle-cy, ne paroiſſent que les ſeruantes, & les eſclaues du baſtiment qu'elles portent, au lieu que la noſtre eſt vne reyne, qui tient vne maieſté ſi grande, qu'elle eſt

toufiours feule, & éleuée fur le throne de fon piédeftail, paré de tous les tre-
fors de la renommée, d'où elle depart liberalement la gloire à ceux qu'elle
daigne regarder. Le premier & le plus illuftre de fes fauoris a efté Traian, fur
le monument duquel, ie vais former vne idée de l'ordre que ie voudrois appeller Tofcan, fans auoir égard à ce que tous les modernes en ont écrit, lefquels auffi bien n'en faifant aucune forte de difference d'auec le ruftique, ne
rendent pas grand honneur à la Tofcane, de luy referer vne fi pauure inuention. Mais de peur que les Critiques ne veüillent pas qu'on nomme Tofcan
vn ordre qui a efté inuenté dans Rome, ils le pourront appeller l'ordre Romain, & auec plus de raifon peut-eftre, que ceux qui nomment ainfi le Compofite, duquel nous allons traitter aprés. Pour moy ie me regle aux profileures du chapiteau & de la bafe, que ie trouue icy les mefmes que Vitruue donne à la colonne Tofcane. La plus importante difficulté, felon mon
auis, feroit que noftre colonne n'ayant point d'entablement, elle peuft entrer
au rang des ordres, veu que c'eft vn membre principal, & qui eft mefme en
quelque façon la tefte de l'ordre. Mais l'Architecte de noftre modele preuit
bien qu'il y falloit fuppléer quelque autre chofe en la place, & le fit auffi
d'vne maniere excellente. Il fe propofa l'imitation des miraculeufes pyra ni-
des de Memphis, que les Egyptiens (ces diuins efprits à qui nous auons l'o-
bligation de la connoiffance de tant de beaux arts) auoient autresfois dref-
fées à la memoire & aux cendres de leurs Roys, qu'on euft dit, à voir cette
grandeur fi démefurée de leurs tombeaux, auoir efté des geants, & comme
des Dieux entre les hommes. Leurs vrnes & leurs ftatuës couronnoient le fai-
fte de ces montagnes artificielles, d'où, comme d'vn throne augufte & terrible, il fembloit au peuple qu'ils regnoient encore aprés leur mort, & auec
plus de maiefté que durant leur vie. Noftre prudent Architecte, ayant à rendre le mefme honneur à Traian, le plus digne Prince qui iufqu'alors euft
porté le nom d'Empereur, & que Rome s'efforçoit d'immortalifer, tourna
fa penfée vers ces prodigieux ouurages, dont il tira cette haute & fi fublime
imitation que nous admirons, & qui a depuis feruy de regle, & efté fuiuie
en diuerfes autres occafions; defquelles il refte encore deux exemples tres-
celebres, la colonne d'Antonin auffi à Rome, & vne à Conftantinople eri-
gée à l'Empereur Theodofe, aprés fa victoire contre les Scythes; qui font bien
voir par leur reffemblance à noftre Traiane, que cette efpece d'Architecture
auoit paffé pour vn ordre entre les maiftres de l'art, puis qu'ils l'employerent toufiours depuis à vn mefme vfage, & auec les profileures Tofcanes à
la bafe & au chapiteau. Cela pofé comme vn fondement, il eft aifé d'eftablir
le refte, en forte qu'il ne fera point fuiet à l'opinion, & à la diuerfité des
goufts de ceux de la profeffion, puis que nous auons l'original pour modele, & qu'il faut s'y conformer neceffairement, pour demeurer dans les termes & la regularité de l'ordre. Que fi l'Architecte eft quelquesfois obligé
d'y introduire, ou d'y changer quelque chofe, felon que le temps ou la qualité
de fon deffein le requierent, il s'y doit porter auec beaucoup de circonfpection, & fans alterer iamais la forme des principaux membres : en quoy on
remarquera l'addreffe de fon efprit, & la gentilleffe de fon inuention. Cette
maxime eft fi generale pour tous les ordres, qu'autrement il ne faut point

faire eſtat de donner des regles, ny de propoſer aucun exemple pour le ſuiure; tant l'inclination nous porte à la nouueauté, & qu'on eſt aueugle en ſes
productions. Voila d'où nous eſt venu l'embroüillement de cét ordre qu'on
appelle Compoſite, que la preſomption & l'ignorance des ouuriers a fait naiſtre comme vn monſtre extrauagant, meſlé de pluſieurs natures, ſouuent ſi
diuerſes & ſi contraires, qu'il eſt impoſſible d'en diſcerner les eſpeces. I'ay
reſerué ſur la fin de ce traitté à l'examiner, & à faire choix de ce qui s'y ren-
contrera de plus conforme à la bonne Architecture, ſelon les regles de l'art;
où i'apporteray quelques exemples des plus fameux de l'antiquité, afin qu'au
moins on ait de bons guides en ce labyrinte de confuſion.

Noſtre colonne Traiane, que nous mettons en la place de l'ordre Toſcan,
par vne prerogatiue de ſon excellente compoſition, a cét auantage ſur les autres ordres, que ſe trouuant rarement des occaſions dignes d'elle, c'eſt à dire
ſingulieres, & aſſez notables, pour meriter de la mettre en œuure, les petits
maiſtres, eſtans incapables de ſi hauts emplois, ne l'ont point touchée, &
ainſi elle eſt demeurée en ſa pureté. La premiere imitation qu'on en fit, &
qui confirma beaucoup l'eſtabliſſement de ce nouuel ordre, fut la colonne Antoniane, qui ſubſiſte encore aſſez entiere, & qui eſt le parangon de la
noſtre, quoy qu'elle luy cede vn peu dans l'execution, & le magiſtere du
trauail de main; mais en recompenſe auſſi elle la ſurpaſſe notablement en grandeur de maſſe, qui eſt vne choſe conſiderable en cét ordre, dont la beauté ſpecifique eſt d'eſtre grand, & d'vne maniere coloſſale : leur compoſition au reſte, & l'ordonnance de tout le deſſein, eſt tres-ſemblable.

Ie vais dire en general l'effect & la forme des principaux membres, & à
quoy il faut prendre garde en l'application des ornemens, qu'on doit placer
auec vne grande diſcretion, parce qu'ils ſont de l'eſſence & du corps de l'ordre. Le premier, & comme le fondement de tout l'edifice, eſt le piédeſtail,
qui n'eſt pas moins neceſſaire icy, que la corniche aux colonnes des autres
ordres; & ſa proportion, quoy que ſolide & quarrée, doit eſtre enrichie de
belles modenatures, & de toutes ſortes d'ornemens, au zocle & à la cimaiſe,
mais plus encore en ſes quatre faces, qui ſont comme les tableaux de la renommée, où elle peint les victoires de ces Heros, auſquels elle erige de ſi glo-
rieux trophées. C'eſt là qu'on void toutes les dépoüilles militaires des vaincus,
leurs armures, les machines dont ils ſe ſeruoient en combatant, leurs enſeignes,
leurs boucliers & leurs cimeterres, les harnois de leurs cheuaux, & leurs cha-
riots, leurs habillemens de guerre, les marques de leur religion, & enfin tout ce
qui peut contribuer à la pompe & à la magnificence d'vn triomphe. Sur ce glo-
rieux butin, noſtre colonne, comme ſur vn throne, eſt éleuée & reueſtuë de tout
le plus riche appareil que l'art luy peut apporter; & pourueu que l'Architecte ſoit iudicieux, il ne ſçauroit eſtre trop ſplendide. Ie repete neantmoins
encore, qu'il ne doit point alterer, ny embroüiller en aucune ſorte, les ſaco-
mes ou profileures Toſcanes, de la baſe & du chapiteau, qui ſont les clefs de
tout le concert & de l'harmonie de l'ordre. La derniere choſe, mais la principale, puiſqu'elle fait le couronnement de l'œuure, c'eſt la ſtatuë de celuy à
qui on erige tout ce ſuperbe édifice, laquelle a vne vrne ſous ſes pieds, comme voulant dire qu'il renaiſt de ſes propres cendres ainſi qu'vn phenix, &
que

que la vertu des grands perfonnages eft au deffus de la mort, qui n'a du pouuoir que fur les hommes vulgaires. Maintenant pour ce qui concerne la propor-tion reguliere de cette figure, & de fon vrne, auec la hauteur de la colonne, ie n'en puis rien eftablir icy de precis, cette partie eftant reftaurée en l'origi-nal, & d'vne maniere trop moderne, & trop efloignée de la premiere intention de l'Architecte, pour en faire confideration fur noftre fuiet. On peut dire neantmoins auec affez d'apparence, que puis que c'eft en quelque façon l'en-tablement de cét ordre, il faut luy donner vne quatriéme partie de la colon-ne, comme à la trabeation de l'ordre Dorique, auquel celui-cy a vn grand rap-port. Il me femble auffi que la figure doit eftre reglée par la raifon de l'Opti-que, en forte qu'elle paroiffe d'vne grandeur excedant vn peu le naturel, & d'vne elegante proportion, afin que l'on la remarque principalement fur tout le refte ; auec cette difcretion pourtant, que comme il faut qu'elle foit en pied, elle paroiffe bien ferme en fa pofition, & que la maffe de l'vrne qui luy fert de zocle, ou de piédeftail, ait vne fodeffe conuenable à cét effect : car c'eft vne chofe de tres-grande obligation en l'Architecture, de faire tout non feu-lement fode & durable, mais encore qui paroiffe tel, pour éuiter l'ineptie Gothique, qui affecte comme vne beauté, de faire que les ouurages femblent fufpendus en l'air, & quafi prefts à tomber ; qui eft vne extrauagance trop vi-fible, & trop ridicule, pour perdre du temps & des paroles à la contefter.

Iufqu'icy ie penfe n'auoir rien laiffé à dire de ce qui concerne la compofi-tion generale de noftre colonne ; mais pour le menu détail des proportions & des profileures de chaque membre, le deffein les monftre fi clairement, que ce feroit vn trauail oyfeux & puerile de s'amufer à les nommer piece à piece, à la maniere de ces premiers inuenteurs de la peinture, lefquels voulant fup-pleer à la foibleffe de l'art, qui n'arriuoit pas encore à vne affez naturelle repre-fentation des chofes qu'ils imitoient, eftoient obligez d'écrire au bas, que c'e-ftoit vn beuf, vn arbre, vn cheual, vne montagne. Mais à cette heure c'eft bien au contraire, l'effect du deffein ayant paffé fi auant au delà de l'expref-fion des paroles, qu'en vn inftant il nous monftre plus de chofes, & auec bien dauantage de precifion, qu'on n'en fçauroit auoir dit en beaucoup de temps.

Ie vais donc finir par cette rare façon de parler, qui n'a befoin ny d'oreil-les, ny de langue, & qui eft la plus diuine inuention que les hommes ayent iamais rencontrée. Au refte on verra dans mon profil de la colonne Traia-ne, auec quelle diligence & exactitude tout y eft conforme à l'original, iuf-qu'aux moindres ornemens, afin qu'on iuge par là du foin que i'ay apporté aux autres chofes de plus grande confideration. Si le lecteur eft intelligent, & qu'il ait veu auec attention, & auec des yeux de maiftre, ce riche & in-comparable chef-d'œuure que ie décris, la fatisfaction qu'il receura de l'eftu-de exact que i'en ay fait, & que ie luy donne, fe rendra proportionnée à fa fuffifance : car les yeux ne voyent en ces matieres, qu'autant que l'entende-ment leur éclaire, & les beautez excellentes ne s'y monftrent pas d'abord, ny à tout le monde ; elles veulent eftre curieufement obferuées, & découuer-tes auec induftrie : Il y en a mefme de plufieurs efpeces, que chacun va remar-quant felon la portée de fon efprit, & conformément à fon genie ; les vns

M

y cherchant la grace, & la gentilleſſe des ornemens, les autres conſiderant là
nobleſſe de l'ouurage, & la nouueauté de l'inuention ; les plus connoiſſans
ayans égard principalement à la proportion, & à la regularité du tout auec
ſes parties, à la iudicieuſe compoſition, à la grandeur & à la ſolidité du deſſein, & à de telles beautez eſſentielles, qui ne ſont viſibles qu'aux yeux des
plus ſçauans Architectes : d'où vient que ſouuent vn meſme ouurage, en qui
toutes ces parties ne ſe trouuent pas au meſme degré de perfection, eſt eſtimé
fort diuerſement par ceux du meſtier, (car il en eſt peu de la qualité de celui-cy, qui ayent vne approbation vniuerſelle) & le pis eſt qu'ordinairement
les meilleures choſes ont bien moins d'admirateurs que les mediocres, parce qu'il eſt plus de ſots que d'habiles gens.

Le module du deſſein ſuiuant, & la methode de le déchiffrer, eſt touſiours
la meſme que cy-deuant ; c'eſt à dire, qu'ayant mené par le centre de la colonne vne ligne à plomb, qui a toute la hauteur de l'ordre, ie diuiſe le demy diametre de la colonne par le pied en 30. minutes, qui font le module
ſur lequel ie regle aprés tous les membres, tant pour leur hauteur, que pour
les ſaillies ou proietrures de leurs profils, commençant touſiours par cette
ligne du centre de la colonne, afin que la poſition de chaque membre ſoit
bien alignée & preciſément en ſa place. Cela eſt ſi clair, & ſi redit, qu'il n'y
ſçauroit plus reſter de difficulté.

Pour ce qui regarde maintenant la maſſe entiere, la colonne a ſeize modules, y compris la baſe & le chapiteau : le piédeſtail auec ſon embaſſement,
ſa cimaiſe, & deſſus, vn certain zocle orné d'vn feſton, (qui en fait partie à
mon auis, parce qu'il vient à le rendre cube, qui eſt de toutes les proportions Geometriques la plus reguliere, & la plus ſolide, & par conſequent
tres-conuenable à cét edifice) a de hauteur trois modules, quelque peu
moins. La baſe de la colonne a iuſtement vn module, & le chapiteau deux
tiers de module.

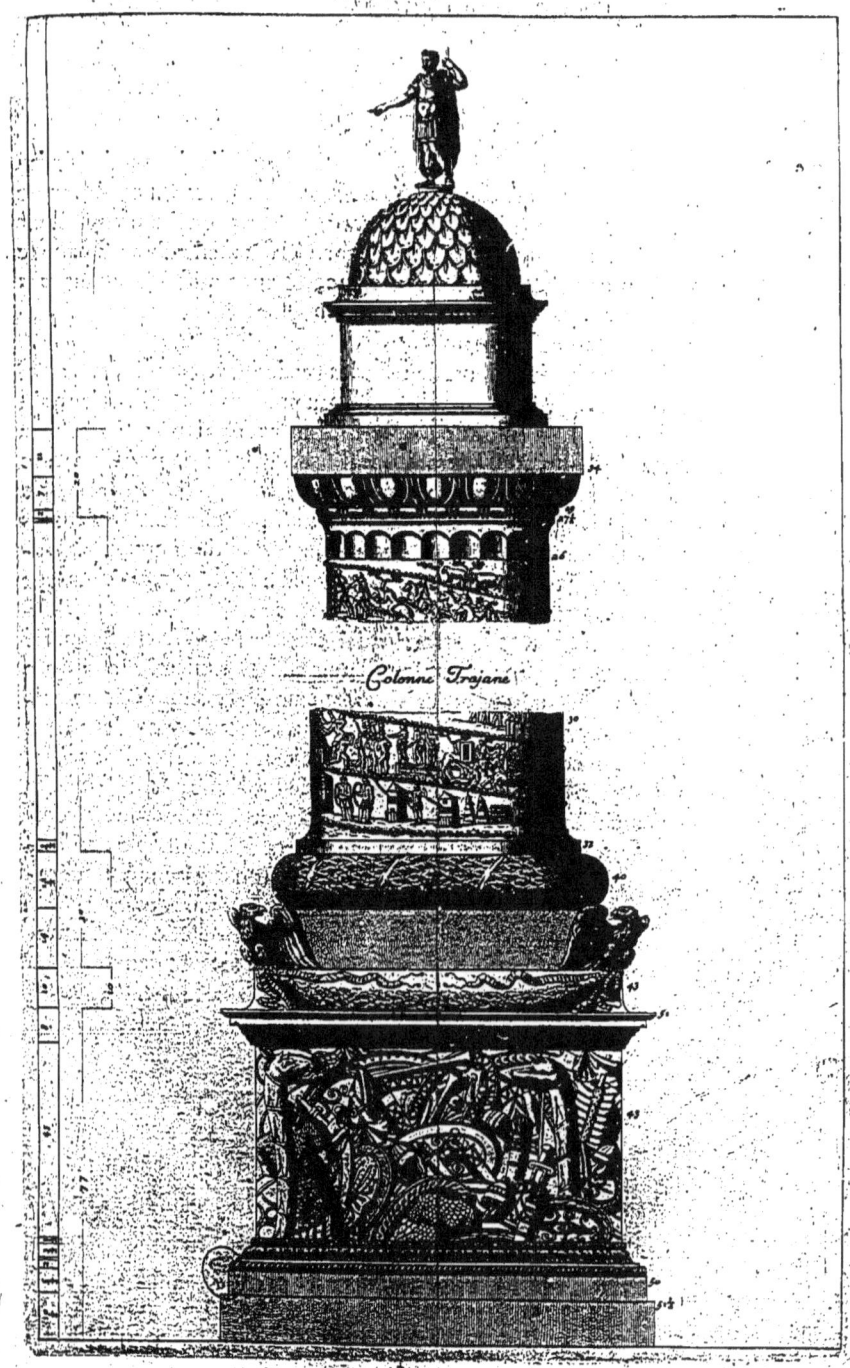

Colonne Trajane

PALLADIO & SCAMOZZI fur l'ordre Tofcan.

CHAPITRE II.

APRE'S auoir dit mon opinion touchant l'vfage & la forme de l'ordre Tofcan, felon la maniere des antiques, ie vais maintenant monftrer de quelle façon les maiftres modernes l'ont traitté, & en quelle eftime il eft maintenant parmy tous les ouuriers, qui eu égard à la baffeffe d'vne fi pauure compofition, le furnomment l'ordre Ruftique, & auec raifon, n'eftant pas croyable que les Tofcans le vouluffent reconnoiftre, & auoüer en cét e-ftat-là.

André Palladio, le plus iudicieux de tous les modernes, & qui tient auffi la premiere place en ce recueil, en a donné deux profils; l'vn fi fimple, qu'il n'a pour entablement fur la colonne, qu'vn fommier de bois recouuert d'vne autre piece qui fert de larmier; & il femble qu'il fe l'eft ainfi imaginé fur ce que Vitruue en a écrit. Mais parce que cette compofition eft trop mal-baftie pour paffer au rang des ordres, ce diligent Architecte eft allé foüiller dans les vieux reftes d'amphitheatres, qui font des maffes d'Architecture, où la fo-deffe du baftiment eftoit plus requife que la gentilleffe des ordres; tellement qu'enfin il a découuert aux Arenes de Verone, en celles de Pole, & en d'au-tres lieux femblables, vn certain ordre. qu'il eftime pouuoir eftre appellé Tofcan, dont il a fait cette imitation; car il ne s'eft pas affuietti à en fuiure precifément vn pluftoft que l'autre, mais de plufieurs il a compofé & ordon-né celui-cy, duquel ie me feruirois plus volontiers que d'aucun des autres maiftres. Celuy de fon compagnon Scamozzi feroit encore affez raifonnable, finon qu'il luy donne trop de conformité auec le Dorique, & qu'il ne dit point en auoir veu de femblable; tellement qu'eftant tout moderne, & pref-que auffi riche de mouleures que le Dorique, il fera toufiours plus raifon-nable de fe feruir de l'antique, puis que celui-cy n'eft aucunement confidera-ble en vn baftiment que pour l'efpargne du temps & de la dépenfe.

La hauteur de la colonne auec fa bafe & fon chapiteau eft de fept diame-tres feulement felon Palladio; Scamozzi luy en donne fept & demy.

L'entablement a toufiours vne quatriéme partie de la colonne.

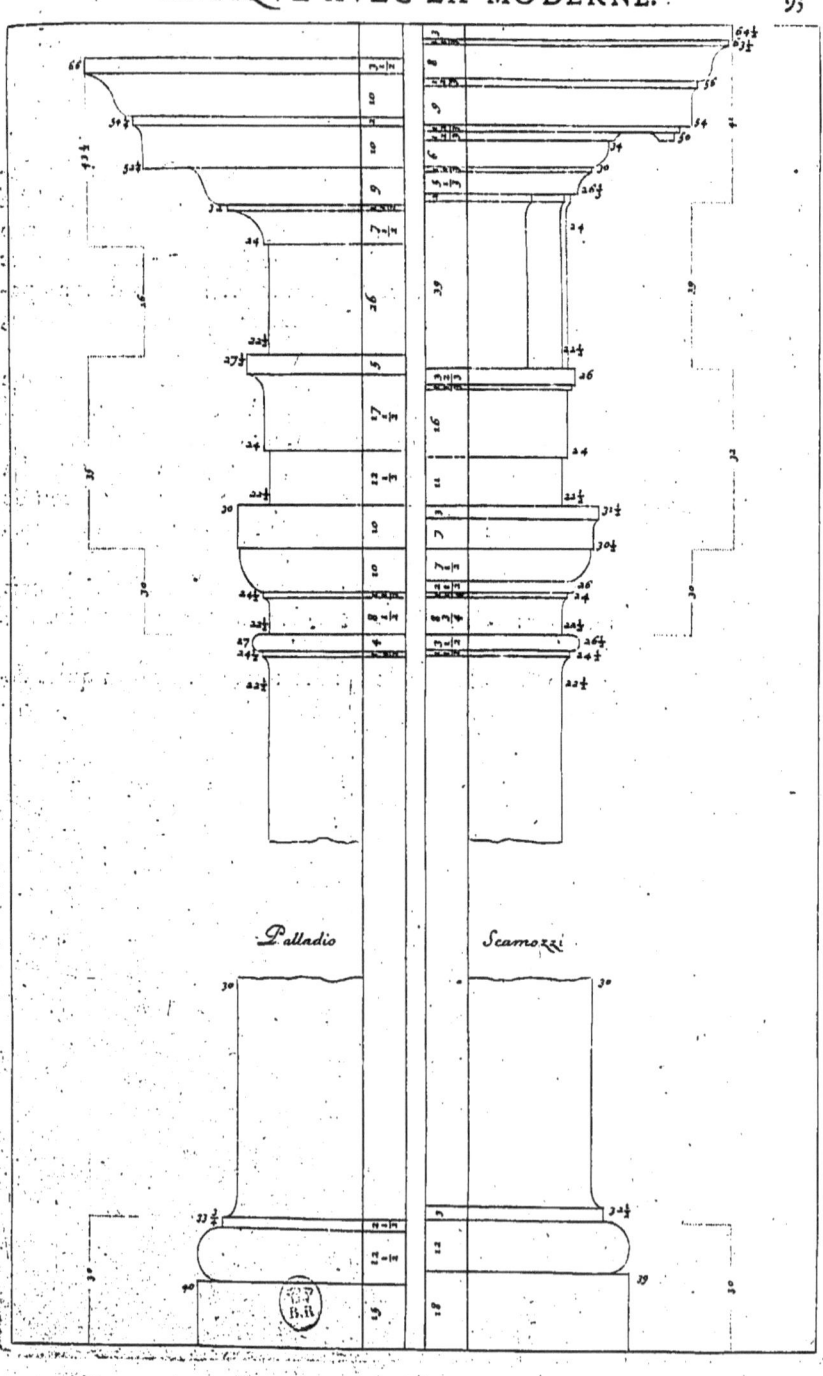

Palladio

Scamozzi

SERLIO & VIGNOLE sur l'ordre Toscan.

CHAPITRE III.

NOVS venons de voir en la feüille precedente, l'ordre Toscan des Architectes modernes en son plus beau lustre, mais il m'en semble desia icy bien décheu, particulierement dans le profil de Serlio, où tout est trop simple & trop compté : car il est le seul qui ait donné generalement à tous les membres de l'ordre, base, chapiteau, architraue, frize, & corniche, vne pareille hauteur ; cette égalité n'estant icy qu'vne fausse espece de proportion, & contraire à celle que l'Architecture a empruntée de l'Optique.

Vignole a mieux raisonné en cét égard là, redonnant de plus à chaque membre, ce qu'il pouuoit perdre de sa grandeur par l'éloignement ; & ainsi il a tenu sa corniche vn peu plus haute que la frize, ny que l'architraue.

Serlio ne fait sa colonne que de six diametres, quoy que Vitruue (qu'il a tousiours fait estat de suiure) luy en donne sept, au chapitre de la façon de bastir les temples à la maniere Toscane, qui est le septiéme de son quatriéme liure.

Vignole, en ce qui concerne la colonne, s'est conformé à Vitruue, mais pour l'égard des mouleures du chapiteau & de la corniche, il les a faites à sa fantaisie.

L'entablement en l'vn & en l'autre de ces deux profils, est d'vn quart de la colonne.

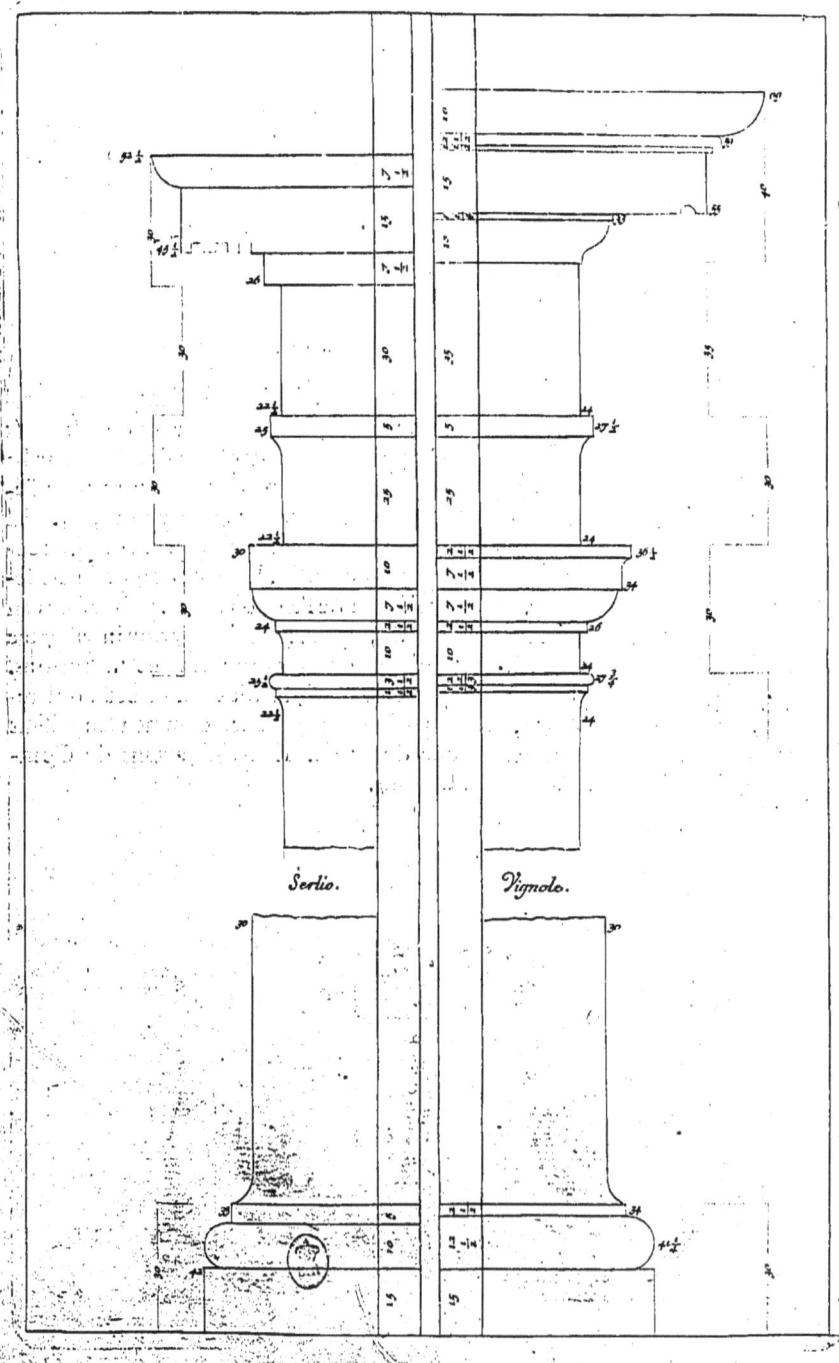

Serlio.

Vignole.

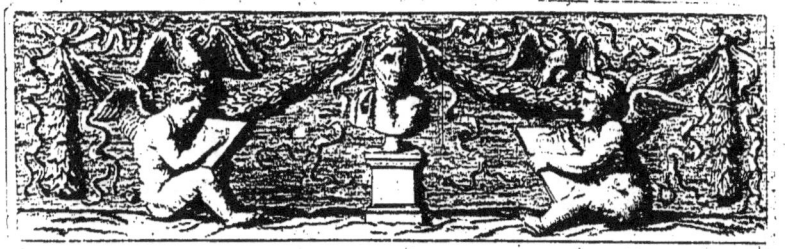

AV LECTEVR.

C'EST vn eſtude ſterile, & vn temps perdu, de s'amuſer dauantage à la recherche de cét ordre icy, ſelon d'autres Architeƈtes que les quatre dont
ie viens de rapporter les deſſeins ; c'eſt pourquoy i'ay reſolu de m'en tenir là;
veu qu'auſſi bien ceux qui nous reſtoient à adiouſter, ſont preſque tous de l'é-
chole de Vitruue, d'où il eſt tres-difficile de recueillir autre choſe d'eſſentiel
à l'ordre Toſcan, que la ſimple forme de la baſe & du chapiteau, qui ſont dé-
ia en la feüille precedente, dans le profil de Serlio, la repetition deſquels ſeroit ennuyeuſe & ſuperfluë. Et pour l'égard de l'entablement, puis qu'ils n'en
ont point d'exemple antique bien arreſté, ny aucune deſcription intelligible
dans les écrits de Vitruue, ie ne ferois pas grand conte de leurs inuentions.
I'ay pris garde auſſi que Leon Baptiſte Alberti, le meilleur de ceux qui reſtent, aprés Daniel Barbaro, n'en a parlé qu'en paſſant, comme n'en faiſant
aucun eſtat, ſans en donner meſme de profil. Il en fait autant du Compoſite, dont Vitruue n'a rien dit du tout.

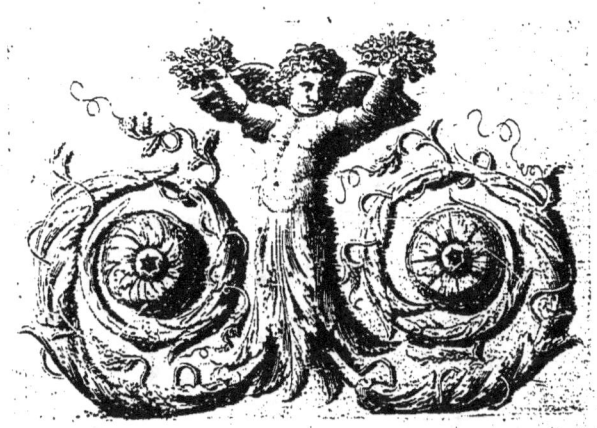

DE

DE L'ORDRE COMPOSITE.
CHAPITRE VI.

L'ORDRE Compofite, qui iufqu'icy a tenu le premier rang parmy les modernes, fe trouuera bien décheu en cette reueuë feuere & exacte que ie viens de faire fur les cinq ordres, où n'ayant aucun égard à l'opinion du vulgaire, ny au iugement des autres qui en ont écrit auant moy, ie ne paffe rien s'il n'eft conforme à quelque fameux exemple antique, ou aux preceptes du pere des Architectes Vitruue, afin de remettre l'art, s'il eft poffible, en fes vrais principes, & le reftablir par ce moyen en fa pureté originale, d'où les compofitions libertines de nos ouuriers l'ont tellement détourné, fous le pretexte de ce faux nom d'ordre Compofite, qu'il ne refte quafi plus d'idée de l'Architecture réguliere, tant les ordres qui la maintenoient ont degeneré en confufion, & font allez fe barbarifant par l'extrauagant meflange qu'on en a fait. Mais comme il eft extrémement difficile de r'amener les efprits à la fuietion, & à leur deuoir, quand vne fois ils ont pris l'effor, & fe font abandonnez à la liberté : auffi ie ne pretends point d'eftre fuiuy, ny mefme écouté de ceux qui fe font defia donné la prefomption d'eftre maiftres, parce qu'ils font ou trop enuieillis en leur mauuais gouft, ou qu'ils auroient honte de décheoir de leur opinion en le confeffant ; & ainfi i'eftime qu'ils fe porteront pluftoft à le defendre auec opiniaftreté, qu'à le corriger. Ie parle donc feulement à ceux lefquels n'ayans point encore l'imagination preoccupée, ont le iugement beaucoup plus libre & mieux difpofé au difcernement de ces beautez excellentes & originales de l'Architecture antique, qui ont efté reconnuës durant tant de fiecles, confirmées par tant d'exemples, & fi vniuerfellement admirées. Et parce qu'il eft tres-important de donner cette premiere teinture aux ieunes efprits, & les former de bonne heure à ces idées, ie leur propofe toufiours d'abord les mefmes modeles que ces grands genies nous ont laiffez, comme les guides & la bouffole du chemin de l'art, pour les fauuer du penchant qu'ils ont naturellement à la nouueauté, qui eft l'écueil & le precipice de la premiere inclination des efprits François, lequel eftant vne fois paffé, la raifon commence à en prendre la conduite, & leur fait voir les chofes de la bonne forte, c'eft à dire par leurs principes, fans quoy il n'eft pas poffible d'en acquerir qu'vne tres-mediocre & tres-imparfaite connoiffance. Et ceux qui marchent par vne autre voye, iront toufiours à taftons comme des aueugles, fans trouuer iamais de veritable fatisfaction en leur trauail : car la vaine complaifance des ignorans, foit qu'ils la prennent d'eux-mefmes, (ce qui eft affez ordinaire) ou qu'elle leur foit renduë par leurs femblables, c'eft vne fi fauffe ioye, qu'elle fe tourne fouuent en honte & en confufion ; au lieu que la vraye loüange qu'on donne au merite des fcauans maiftres, & à la bonté de leurs ouurages, n'eft point fuiette à fe démentir. Or pour peu qu'on ait d'idée de cette haute maniere des antiques, & de la grandeur de leurs penfées, on remarquera incontinent la baffeffe & l'ineptie des compofiteurs modernes, lefquels parmy tant d'exem-

N

ples de l'incomparable & vnique Architecture des Grecs, qui fut l'ornement
& la splendeur de l'ancienne Rome, dont les ruines & les seuls vestiges la
rendent encore auguste par dessus toutes les villes du monde, ces esprits mes-
quins demeurans pauures au milieu d'vne si riche abondance, & quittans le
droit chemin que ces grands maistres leur ont ouuert, prennent vne route
detournée, pour aller aprés vn auorton de l'Architecture, ou plustost le mauuais genie de l'art, qui s'est venu introduire entre les ordres, sous le nom de
Composité, & à la faueur de l'ignorance, & de la folle presomption de ie ne
sçay quels petits nouueaux Architectes, qui en ont fait leur marotte, & l'ont
habillé en tant de modes bizarres & capricieuses, qu'il est deuenu vne chi-
mere, & comme vn Prothée, qu'on ne sçauroit auoir arresté sous aucune forme ; tellement que ce seroit vn trauail sans fin, & vne vaine & ridicule en-
treprise, de le vouloir rechercher icy en toute son estenduë, puis qu'il n'a
ny regles, ny mesures, ny principes, ny espece, ny proprieté particuliere, &
par consequent ne sçauroit estre compris sous le nom d'ordre. Il seroit donc
à mon auis necessaire pour le bien de l'art, & pour l'honneur de l'Architecture, d'estouffer ce monstre, & de redonner vn autre nom plus sortable & plus
specifique à ces excellens profils qu'on trouue en quelques antiques de grande maniere, lesquels par ie ne sçay quelle traditiue sont appellez l'ordre Composite, qui est vn nom tout moderne, duquel Vitruue n'a iamais parlé, &
qui est aussi trop vague & trop incertain pour conuenir à vn ordre regulier :
outre que puis qu'on refere la gloire de son inuention aux Romains, il seroit plus à propos de le nommer ou l'ordre Romain, ou l'ordre Latin, comme Scamozzi a fait assez iudicieusement ; & de plus a remarqué que son chapiteau, par lequel seul il est different du Corinthien, est d'vne composition
plus massiue & moins elegante : tellement qu'il ne iuge pas que cét ordre
doiue estre mis sur le Corinthien, pour ne faire point porter le fort par le foible : à quoy il pouuoit encore adiouster, qu'ils ne sçauroient estre bien ensemble en vn mesme ouurage, ainsi que i'ay desia dit ailleurs. Cela est si clair
qu'il ne faut point y chercher d'excuse. Neantmoins ceux qui voudroient se
preualoir de la mauuaise pratique, & de l'abus des modernes, pour faire au
contraire, ils auront moyen de s'échaper par ce pont aux asnes ; car l'importance en est fort petite, en comparaison de la licence effrenée, qui regne
auiourd'huy parmy nos compositeurs de Composites, laquelle ne change pas
seulement le rang des ordres, mais va renuersant tous les principes, & sap-
pant les fondemens de la vraye Architecture, pour en introduire vne nouuelle Tramontaine, plus barbare & moins plaisante que la Gothique. A quoy
il suffit de repliquer pour la confusion de ses inuenteurs, qu'il n'est pas question à vn Architecte d'employer son industrie & son estude à trouuer de
nouueaux ordres, pour donner du prix à ses ouurages, ny pour se rendre ha-
bile homme ; non plus qu'à vn orateur, pour acquerir la reputation d'estre
eloquent, d'inuenter des mots qui n'ayent encore iamais esté dits ; ny à vn
poëte, de faire des vers d'vne autre cadence ou d'autre mesure que l'ordinaire ; cette affectation estant puerile & impertinente : & s'il arriuoit par occasion qu'on voulust prendre quelque liberté semblable, il faut que ce soit
si à propos, qu'vn chacun en voye incontinent la raison. C'est ainsi que les

antiques en ont vſé, mais auec vne ſi grande retenuë, qu'ils ont borné toute leur licence à la ſeule forme du chapiteau, dont ils ont fait cent compo-
ſitions gentilles, & ſingulieres à certains ſuiets, où ils reüſſiſſent à merueille, hors deſquels auſſi on ne ſçauroit, que fort impertinemment, les mettre
en œuure. I'en veux choiſir deux ou trois exemples parmy vn bon nombre
de deſſeins que i'ay du tres-celebre Pyrro Ligorio, qu'il a recherchez & ob-
ſeruez en diuers endroits de l'Italie auec vne diligence ineſtimable. Mais il
faut venir auparauant à la concluſion de noſtre premier ſuiet, qui eſt de former le Compoſite Romain, & en faire icy vn ordre auſſi regulier, & auſſi precis, que les quatre precedens. Ie propoſe donc pour cét effect deux profils
antiques, chacun excellent en ſon eſpece; l'vn tres-riche, & tres-chargé d'ornemens, tiré de l'arc de Titus à Rome; & l'autre beaucoup plus ſimple,
mais grand & fort, qui eſt à Verone à l'arc des Lions.

Si ces deux exemples ne ſuffiſent au lecteur, il en pourra choiſir d'autres
plus à ſon gouſt, ou s'arreſter à celuy qui luy plaira des autheurs ſuiuans,
que i'ay recueillis enſemble pour cét effect, entre leſquels ie fais vne eſtime
particuliere de Palladio.

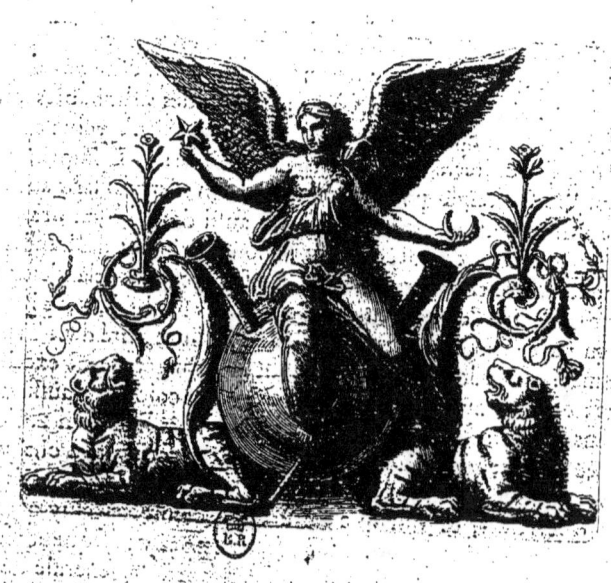

Profil Composite tiré de l'arc des Lyons à Verone.

CHAPITRE V.

AVANT que de propofer ce Compofite pour modele, ie vais preuenir & eluder quelques obiections que les Critiques y pourroient faire, me les imputant comme fi ie les auois laiffé paffer par inaduertance. La premiere eft, que la corniche eft defectueufe en ce qu'elle n'a point de larmier : l'autre que les denticules font pofées vn peu nuement, & fans aucune feparation fur la frize : la troifiéme, que la hauteur de la frize eft exceffiue : Et enfin , que les trois bandes de l'architraue font tout au rebours de la pofition ordinaire : outre que le plinte de la bafe eft beaucoup trop haut, eu égard au refte. A toutes ces obiections ie pourrois répondre en vn feul mot, qu'en matiere d'Architecture c'eft vne raifon valable qu'vn exemple antique bien approuué, tel que celui-cy : De plus , i'y adioufte encore, que le nom de Compofite femble inferer quelque forte de liberté; & qu'ainfi vn Architecte peut fe licentier quelquesfois felon l'occafion, ou d'introduire en cét ordre icy, ou d'y retrancher ce qu'il eftime à propos pour fon deffein, pourueu que ce foit auec difcretion. Ce qui a efté iudicieufement obferué en ce profil, où l'autheur ayant befoin d'vne grande frize, afin d'y placer beaucoup de figures qui faifoient à fon fuiet, voulut épargner fur la corniche, ce qu'il auoit empieté de plus que la proportion reguliere de la frize ne luy permettoit. A cét effect il retrancha le larmier, qui eft à la verité vn membre confiderable, mais que ie voy, par d'autres exemples, n'eftre pas abfolument neceffaire : car au temple de la Paix à Rome (l'vn des admirables ouurages de l'antiquité) la corniche, quoy que Corinthienne, n'a point de larmier, nonobftant que l'Architecte euft le champ tout libre : & L. Baptifte Alberti, dont l'authorité eft grande parmy nos maiftres modernes, fans autre raifon que celle de fon propre gouft, n'en a point auffi donné à fon ordre Corinthien. Maintenant pour ce qui concerne le compartiment des bandes de l'architraue, dont la pofition paroift icy renuerfée, de vray cela n'eft pas bien commun; neantmoins i'en ay veu encore d'autres femblables, & Palladio en a rapporté vn pareil exemple fur la fin de fon 4. liure, tiré d'vn Temple de Pole en Dalmatie, d'ordre Corinthien, dont l'Architecture eft excellente & fort antique : & ie trouue mefme que la bafe de la colonne a auffi vn plinte d'vne épaiffeur exceffiue, tel que celui-cy. Cela tenoit lieu d'vn zocle. Voila des raifons & des exemples, auec lefquels on peut fatisfaire à chaque obiection ; mais par là auffi on peut iuger, que ce profil ne doit eftre mis en œuure qu'auec difcretion, & quelque forte de neceffité. Celuy que ie vais donner en fuite, eft plus regulier en fon détail, & par confequent plus conuenable à toutes fortes d'ouurages ; mais la proportion generale de l'vn & de l'autre eft egale. La colonne a dix diametres ; & la hauteur de l'entablement vne quatriéme partie de la colonne.

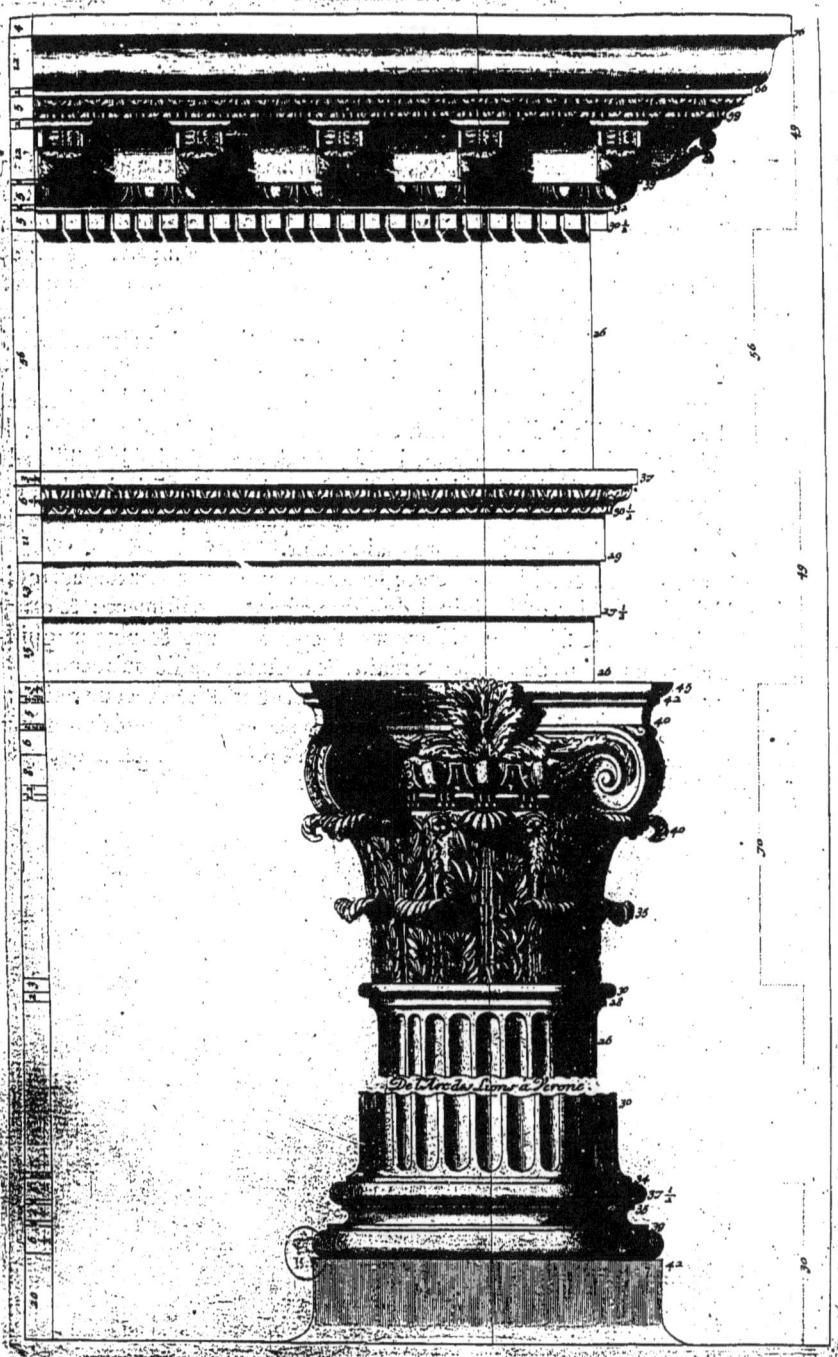

Profil Compofite tiré de l'arc de Titus à Rome.

CHAPITRE VI.

LA belle idée de ce Compofite, & la richeffe de fes ornemens me font croire que fon inuenteur s'eftoit trouué auec Titus à la prife de Ierufalem, & que là il auoit veu la diuine Architecture du Temple de Salomon, par l'imitation de laquelle (quoy qu'en vn échantillon bien petit, au refpect de ce miraculeux edifice, & mefme en vn ordre different) il voulut monftrer qu'il l'auoit confiderée auec eftude. Ma coniecture en cecy a pour fondement que l'arc de triomphe d'où ie l'ay tiré, eft celuy mefme qu'on éleua à la gloire de cét Empereur, au retour d'vne fi fameufe expedition : & l'Architecte, lequel peut-eftre auoit dreffé l'ordonnance & tout l'appareil de la iournée du triomphe, introduifit iudicieufement en fon ouurage, qui en deuoit faire la plus noble & la plus durable partie, les figures des principales dépoüilles du Temple, comme celle du chandelier à fept branches qui eftoit dans le Sanctuaire, de la table d'or qui feruoit à mettre les pains de propofition, & de quelques autres qu'on y voit encore maintenant.

Cét arc a cela de confiderable entre les autres qui font reftez de l'antiquité, qu'il fut le premier & l'original de cette efpece de baftiment : & quoy que depuis on en ait fait de plus fomptueux en grandeur, & plus magnifiques, il eft neantmoins de meilleure main, & mieux trauaillé qu'aucun.

I'en ay fait l'éleuation perfpectiue, tant pour la curiofité de ceux qui ayment cét art, que pour contribuer auffi quelque chofe à la beauté du deffein: outre que ceux qui ne l'ont point veu en œuure, pourront iuger en quelque-façon de l'effect qu'il a.

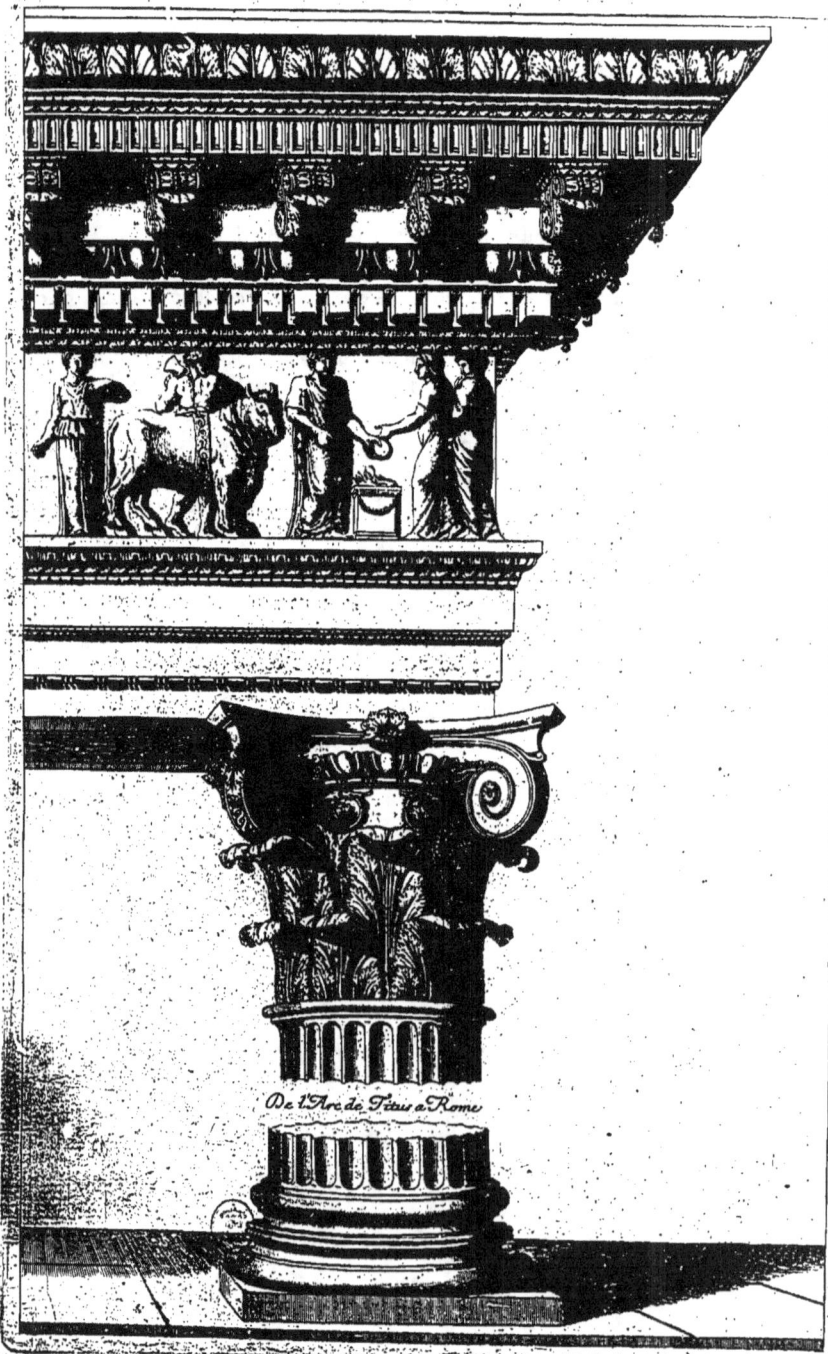

De l'Arc de Titus a Rome

PALLADIO & SCAMOZZI sur le Composite.

CHAPITRE VII.

ANDRE' Palladio en propofant ce profil du Compofite, qu'il appelle auffi l'ordre Latin, afin d'en faire vne difference fpecifique d'auec quelques autres, qui portent le mefme nom de Compofite, il nous donne vne maxime generale pour fa proportion, qui eft de le faire tout femblable au Corinthien, à la referue feulement de la forme du chapiteau : Et bien qu'il adioufte, que cét ordre doit eftre plus gay que le Corinthien, cela ne fe doit entendre qu'à l'égard de ceux qui comme luy ne font la colonne Corinthienne que de neuf diametres & demy ; car il faut que celle-cy en ait toûiours dix.

Le profil de Scamozzi n'a pas tant de grace que celuy de Palladio, & n'eft pas mefme fi iufte en la regularité de l'entablement auec fa colonne, où il manque trois minutes fur le total, qu'il n'ait precifément vn cinquiéme : car quoy que ce foit fort peu de chofe, neantmoins parce qu'il euft efté mieux d'exceder vn peu au delà, que de demeurer trop court, (les antiques ayant donné d'ordinaire à l'entablement vn quart tout entier, ou pour le moins deux neufiémes de la colonne) cela fe remarque fenfiblement. Le pis eft encore, que dans la compofition de fa corniche, il a entaffé tant de petits membres l'vn fur l'autre, qu'elle en eft mefquine & vn peu confufe.

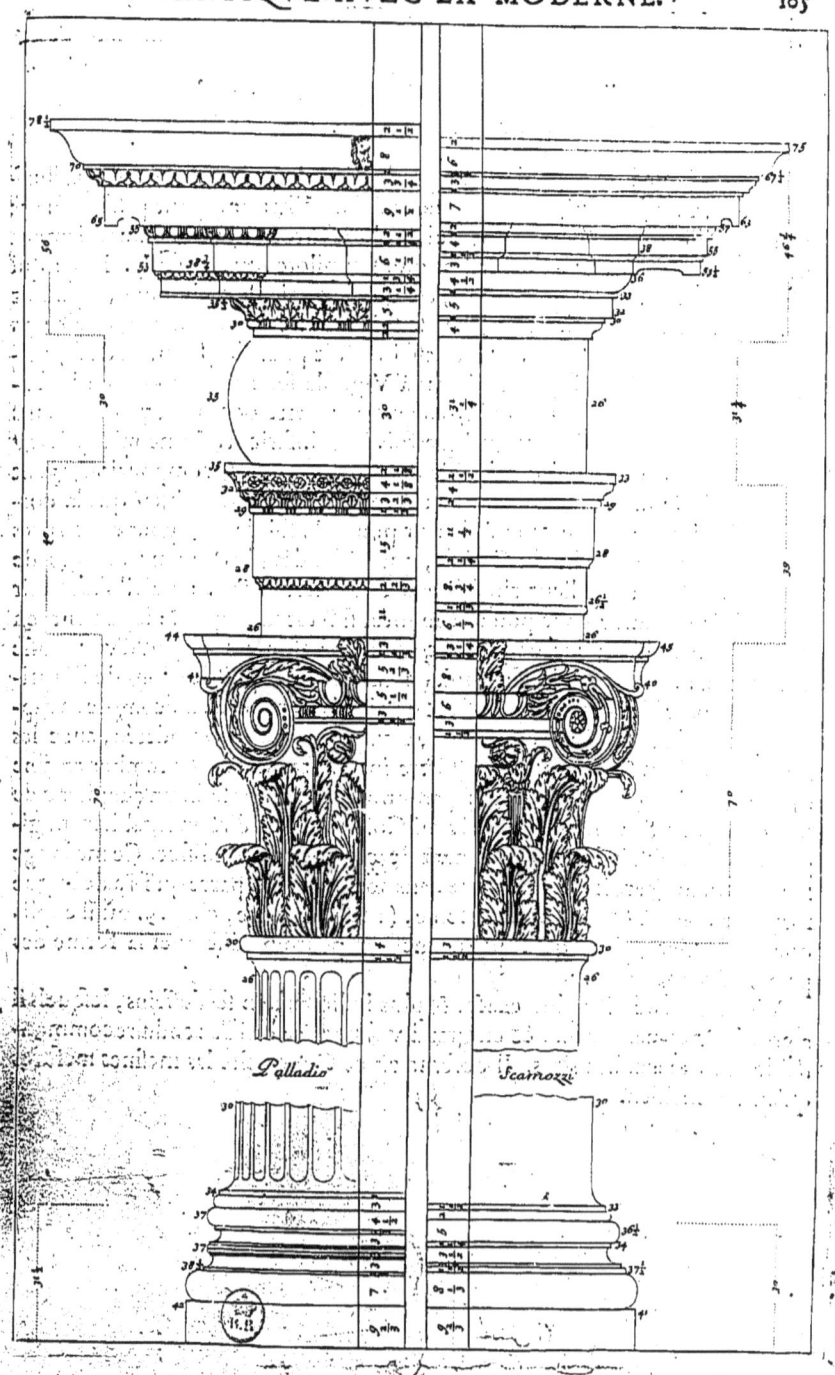

Palladio   Scamozzi

CHAPITRE VIII.

IE suis estonné de cette derniere production du pauure Serlio, lequel iusqu'icy, sous la boussole & le gouuernail de Vitruue, ayant passablement bien conduit les premiers ordres de l'Architecture, s'est venu miserablement échoüer au port, au mesme temps que son pilote luy a defailly. Et ce qui me semble encore plus surprenant, est que le genie de cet homme, qui auoit suiuy vne maniere petite & foible, se soit reuolté en vn instant, & ait pris le change auec tant d'excés. Mon dessein estoit pour son honneur de supprimer ce profil, si ie n'eusse point fait tort à Vignole son competiteur, en le frustrant d'vn grand auantage qu'il remporte en cette occasion, veu que dans les ordres precedens, ie l'ay quelquesfois iugé inferieur. Ie ne m'arresteray point au détail de ce qui me semble defectueux en cette composition, ayant plustost fait de dire en vn mot, que tout y est à reprendre ; bien que la corniche soit imitée, & comme l'autheur pretend, suiuie trait pour trait aprés celle du quatriéme ordre du Colisée, qui est vn des plus fameux vestiges de l'antiquité, & vn excellent chef-d'œuure de l'Architecture : mais il faut auoir la teste bien asseurée pour pouuoir monter si haut sans que le iugement en patisse. Il deuoit considerer que ce colosse de bastiment, estant d'vne masse & d'vne hauteur prodigieuse, auoit eu besoin des sophistications de l'Optique, pour paroistre regulier à l'œil, & qu'ainsi il y auroit du mécompte en rapportant les sacomes de ses membres, à vne distance plus moderée, auec les mesmes mesures & proportions. Cette inaduertance l'a fait tomber en vne autre faute plus grossiere, & moins pardonnable; car il pose sur vn chapiteau de sa façon, petit & mesquin, le faiste du Colisée, c'est à dire vn entablement gigantesque, qui fait le couronnement de ce prodigieux edifice. Ce meslange si monstrueux paroist plus icy que dans son autheur, parce qu'il l'a desseigné fort legerement, & en si petit volume, (en son 4. liure, chap. 9. où il explique ce dernier ordre) qu'à peine mesme peut-on discerner la forme des principaux membres.

Vignole a esté bien plus exact, & plus iudicieux en ses desseins, lesquels il a profilez tres-nettement, & en grand volume; ce qui l'a rendu recommandable & vtile aux ouuriers. Il obserue en ce Composite les mesmes mesures qu'au Corinthien.

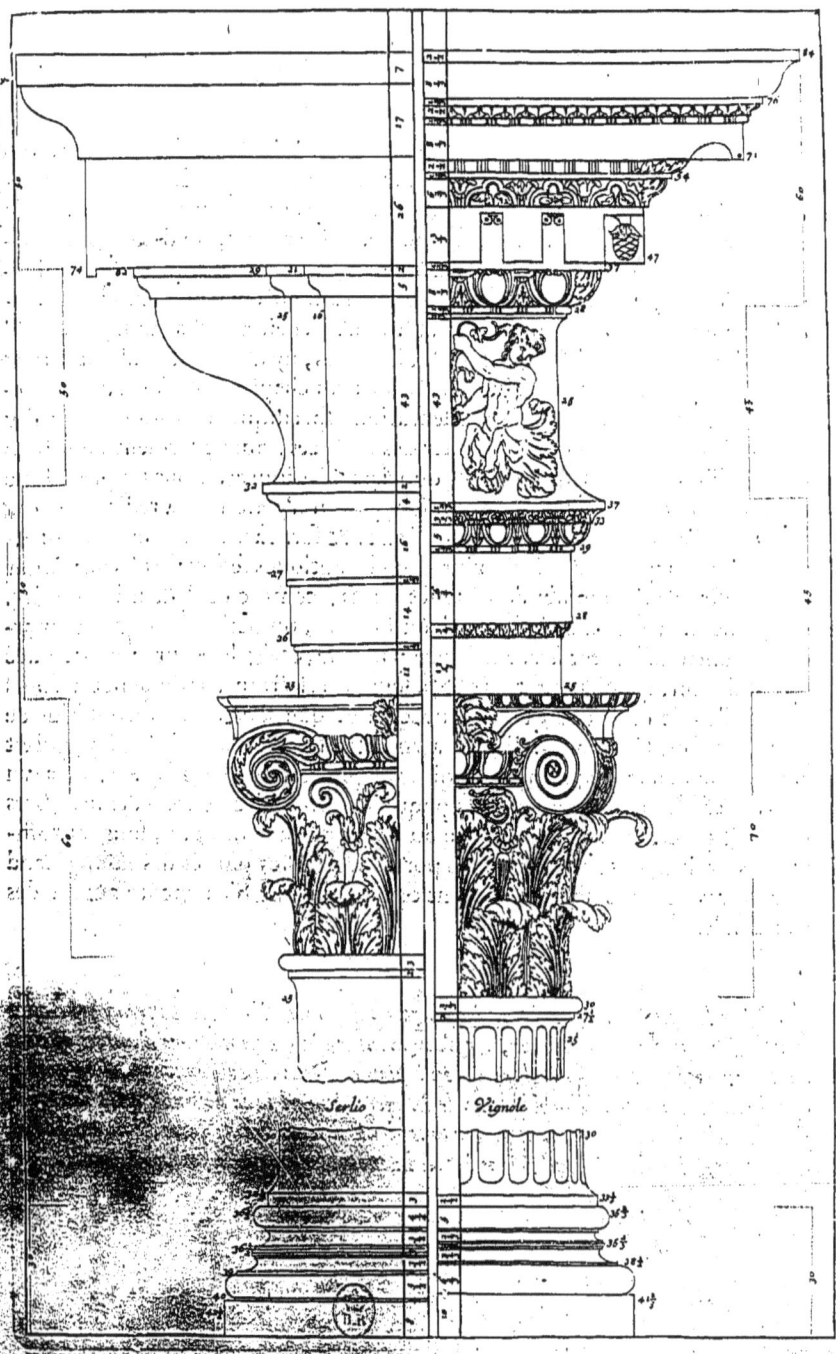

Serlio   *Vignole*

D'vne espece d'ornemens qu'on nomme des Guilochis.

CHAPITRE IX.

L'ARCHITECTVRE en tout ce traitté, est si ialouse des libertins, qui ont la temerité d'oser corrompre la forme de ses profils par leurs capricieuses inuentions, qu'elle ne permet aucune entrée à la nouueauté. Cela m'a fait repenser à la promesse où ie m'estois engagé, de donner icy quelques desseins de chapiteaux extraordinaires, tirez des antiques; & considerant qu'ils ne sçauroient plus auoir de place auiourd'huy en aucune sorte d'edifice, veu qu'ils n'estoient conuenables qu'aux deitez du Paganisme, & qu'il n'est plus maintenant de Iupiters, de Neptunes, ny d'autres semblables dieux de ces temps-là, aux temples desquels tous ces chapiteaux estoient singulierement appropriez, par des representations specifiques à chaque suiet; i'ay creu qu'il estoit plus à propos d'oster ces amorces, qui ne seroient aussi bien que réueiller le mauuais genie des ouuriers à les imiter. Pour suppleer donc quelque autre chose en leur place, sur quoy il n'y ait rien à redire, & qui soit vtile, i'ay fait vn recueil tres-curieux, & fort rare, d'vne espece d'ornemens que l'on appelle des Guilochis, dont les antiques se sont fort seruis, & ont pris plaisir d'en composer de diuerses sortes, comme ce dessein le monstre. Cét ornement est vn entrelas de deux listeaux, ou petites bandes, qui marchent continuellement à vne distance parallele, & égale à leur largeur, auec cette suietion, qu'à leurs retours, & à leurs intersections, ils doiuent tousiours former l'angle droit; ce qui est si necessaire, que sans cela ils n'ont plus de grace, & sont Gothiques. Il y en a vn entre les dix que ie donne icy, qui est d'vne seule bande, lequel neantmoins remplit fort bien son espace, & a vn tres-bel effect. Les antiques les appliquoient ordinairement sur des membres droits & plats, comme sur la face du larmier d'vne corniche, sous les soffites des architraues, à l'entour des portes, & sur les plintes des bases, quand leurs tores & leurs scoties estoient ornez : Ils font bien encore autour des plat-fonds.

Si i'ay le bon-heur de voir cét ouurage en quelque estime, ie pourray peut-estre le repasser auec plus d'amour, & l'augmenter d'vn bon nombre d'autres estudes dont i'auois dessein de l'enrichir, s'il eust pleu à Dieu de conseruer plus longtemps en vie la personne de Monseigneur de Noyers, auquel ie destinois auec ma version de Palladio, qui deuoient porter tous deux à leurs frontispices le nom illustre, & la protection de ce grand Ministre, à la memoire duquel ie les voue encore.

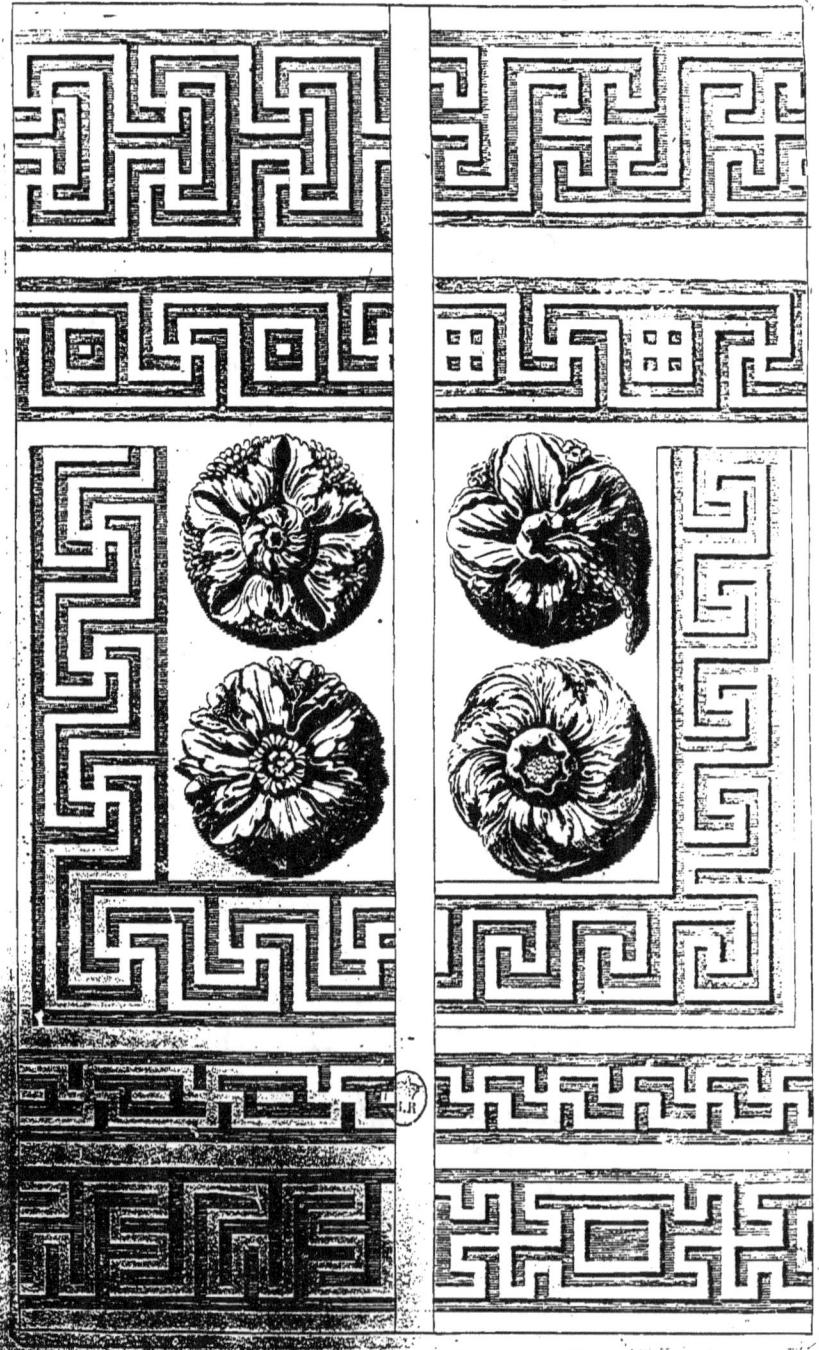

Etymologie ou explication de quelques termes affectez particulierement à l'Architecture.

IL n'y a point d'art qui n'ait ſes termes particuliers, dont l'intelligence eſt abſolument neceſſaire à ceux qui ont deſſein de l'apprendre, ſoit pour en faire meſtier tout de bon, ou ſeulement pour le plaiſir d'en auoir la connoiſſance : & ce dernier eſt touſiours loüable en qui que ce ſoit : car les Gentilshommes & les Roys meſme ſe plaiſent ſouuent aux arts les plus mechaniques, qui deuiennent nobles ſelon le merite & la qualité de ceux qui les traittent.

Le plus excellent de tous eſt ſans doute l'Architecture, tant pour ſa magnificence, que pour la neceſſité de ſon vſage : Auſſi ſon nom fait aſſez entendre qu'elle eſt la Princeſſe de tous les arts, ſi bien qu'elle eſt digne plus qu'aucun autre de la faueur, & de l'entretien des plus grands Princes. Mais ce qui la rend vn peu farouche à l'abord, eſt l'obſcurité, & pour ainſi dire, la barbarie à noſtre égard, de certains mots qui luy ſont touſiours reſtez de la Grece où elle prit ſa naiſſance ; neantmoins après les auoir examinez & bien entendus, ils ſe rendent auſſi familiers que les noſtres purement François, & luy donnent meſme quelque ſorte de veneration. Ie vais éclaircir les plus obſcurs, & les rendre intelligibles à ceux qui n'ont pas la connoiſſance de la langue Grecque.

La Baſe, qui eſt le premier des membres d'vn ordre, vient du Grec βάσις, c'eſt à dire le ſouſtien, l'appuy, ou le pied de quelque choſe : ce nom βάσις eſt tiré du verbe βαίνειν

Le Plinthe eſt vne partie de la Baſe, appelléé en Grec πλίνθος, qui ſignifie vne brique ; à cauſe peut-eſtre qu'aux premiers temps les Architectes y employoient vne brique ; ou pluſtoſt à mon auis parce qu'il reſſemble à vne brique.

Le Tore eſt encore vne partie de la Baſe, & ſe nomme en Grec τόρος, c'eſt à dire vn Tour à tourner en rond, parce que le Tore ſemble auoir eſté tourné au Tour.

La Scotie qui ſuit ordinairement le Tore, vient de σκοτία, c'eſt à dire obſcurité, parce qu'eſtant creuſe elle prend de l'ombre, & paroiſt obſcure ; On l'appelle encore vne Trochile du mot Grec τρόχιλος, ou τροχιλία, qui veut dire vne poulie, dont elle a la forme.

L'Aſtragale vient du mot ἀςράγαλος, qui ſignifie le talon ; auſſi quelques ouuriers le nomment Talon.

L'Apophyge vient de ἀπόφυγη, c'eſt à dire fuite : la pluſpart des ouuriers l'appellent Congé, ou Eſcape, à cauſe que la colonne ſortant par là de ſa Baſe, commence à monter & à échaper en haut. I'ay touſiours nommé cette partie la Ceinture de la Colonne.

La Volute n'eſt pas vn nom qui vienne du Grec, mais ſeulement du verbe Latin volvo, lequel ſignifie tourner : mais la Cathete de la Volute, en Grec κάθετος, ſignifie vne perpendiculaire, ou ligne à plomb.

L'Abaco du chapiteau vient du mot ἄβαξ ou ἀβάκιον, qui ſignifie vn tailloir ou trenchoir quarré, à quoy ce couronnement de chapiteau eſt ſi ſemblable, que les ouuriers le nomment auſſi communément le Tailloir.

L'Architraue n'eſt pas vn terme tout Grec, il eſt encore demy Latin, & ſignifie la premiere ou maiſtreſſe poutre. Il eſt compoſé du Grec ἀρχὴ, c'eſt à dire commencement, & du Latin trabs, qui eſt vne poutre. Les Grecs le nommoient ἐπιςύλιον, c'eſt à dire ſur la colonne, parce que ce membre poſe immediatement ſur la colonne.

Le Triglyphe eſt vn certain ornement qu'on met touſiours dans la Frize de l'ordre

Dorique, il vient du Grec τρίγλυφος, c'est à dire qui a trois graueures, parce qu'en effect cét ornement en a la valeur de trois ; deux entieres dans le milieu, auec deux demies sur les costez.

La Metope est vn espace dans la mesme Frize, qui fait la separation de deux Triglyphes : Le mot Grec est μετόπιον ou μετώπιον, lequel signifie le front ; parce que dans cét espace on mettoit souuent des testes, ou des massacres de bœufs. D'autres veulent que son etymologie se prenne de μὲ, & de ὀπὴ, comme qui diroit, entre les trous ; parce que l'espace où l'on appliquoit ces testes, se trouuoit entre les trous par où passoient les soliues, le bout desquelles estoit figuré en maniere de Triglyphes.

La Cymaise vient de κυμάτιον, qui veut dire vne Onde, dont cette partie semble former quelque representation, par la sinuosité flexueuse de son contour. Elle est appellée communement par les ouuriers vne Gueule, ou vne Doucine. Il en est de deux especes : La premiere & la principale a sa cauité en haut, & fait tousiours le couronnement de la corniche d'vn ordre ; d'où vient qu'on l'appelle d'ordinaire l'Entablement, parce qu'elle en est le premier membre : quelques ouuriers la nomment la Gueule droite, pour la distinguer de la seconde, qui a son contour tout au contraire, & sa cauité en bas ; de sorte qu'elle paroist renuersée à l'égard de la premiere : on l'appelle aussi pour cét effect la Gueule reuerse. Mais ce mot de Gueule ne sonne pas bien en nostre langue, & comme il ne vient que de l'Italien *Gola* qui signifie seulement la gorge, à quoy il semble que ces Doucines ont quelque rapport, i'ay mieux aymé me seruir de nostre terme qui est plus doux, & laisser aux Italiens leur *Gola* dont nous n'auons point affaire.

FIN.

www.ingramcontent.com/pod-product-compliance
Lightning Source LLC
Chambersburg PA
CBHW071602220526
45469CB00003B/1094